高校学生管理与和谐校园

黎海楠　余封亮◎著

吉林出版集团股份有限公司

图书在版编目（CIP）数据

高校学生管理与和谐校园 / 黎海楠 , 余封亮著 . —
长春 : 吉林出版集团股份有限公司 , 2020.4
ISBN 978-7-5581-8335-5

Ⅰ . ①高… Ⅱ . ①黎… ②余… Ⅲ . ①高等学校－学
生－学校管理－研究－中国 Ⅳ . ① G645.5

中国版本图书馆 CIP 数据核字 (2020) 第 047797 号

高校学生管理与和谐校园

著　　者	黎海楠　余封亮	
责任编辑	王　平　李晓华	
封面设计	李宁宁	
开　　本	787mm×1092mm　1/16	
字　　数	210 千	
印　　张	11.5	
版　　次	2021 年 3 月第 1 版	
印　　次	2021 年 3 月第 1 次印刷	
出　　版	吉林出版集团股份有限公司	
电　　话	010-63109269	
印　　刷	炫彩（天津）印刷有限责任公司	

ISBN 978-7-5581-8335-5　　　　　　　定价：68.00 元

前　言

　　构建社会主义和谐社会已成为当今时代的最强音。作为社会知识精英的聚集阵地，社会人才的孵化培育基地，社会科学文化孕育传播重地的高校，在构建社会主义和谐社会的过程中具有举足轻重的作用。而高校学生管理工作对和谐校园建设的作用更是直接而重要的。

　　高校学生管理工作是建设和谐校园的基础。众所周知，学生乃学校生存之本，没有学生，任何学校都无法存在，也都会失去其存在的意义。对于占学校人数绝对多数的学生，高校学生管理工作怎么去管理教育、管理得好不好，会对建设和谐校园产生直接而重要的影响，切不可小视。面对新时代、新形势的要求，高校学生管理工作一定要在习近平新时代中国特色社会主义思想引领下，真正地去认识学生、理解学生、相信学生、尊重学生、善待学生，维护好学生的正当权益，保护好学生的积极性和创造性，发挥好学生的主体作用。只有这样，高校学生管理工作才能在建设和谐校园的过程中产生积极作用，甚而可以充分调动广大学生的积极性，群策群力，加速建设和谐校园的进程。

　　高校学生管理工作是构建和谐校园的保障。目前，我国经济社会的发展正处于国家经济社会发展的战略机遇期，也是新旧社会体制转轨的关键期，还是各种矛盾交织突显期。大学是社会的细胞，社会的各种矛盾和问题都会在大学校园中折射反映出来，造成许多大学生思想困惑，容易出现学生思想矛盾并引发潜在危机。同时，当代大学生个性独特，爱好广泛，思想多元，这既是高校学生管理工作的有利条件，也是对高校学生管理工作提出新的挑战。面对新的挑战，高校学生管理工作能否做到因势利导，加强正面的教育管理，切实提高工作的针对性和实效性，对学校的安全稳定关系重大。高校在建设和谐校园的过程中，要高度重视并认真做好学生管理教育工作，切实化解学生的思想矛盾，注意消除各种潜在危机，保障和谐校园建设顺利有序开展。

目　录

第一章 新时代高校学生管理工作理念的探索与创新

第一节 新时代高校学生管理工作理念创新的意义

一、高校教育创新的意义

创新是一个民族进步的灵魂，是国家兴旺发达的不竭动力。为了实现中华民族的伟大复兴和完成社会主义教育事业的历史任务，必须不断推进包括高校学生管理工作在内的教育创新。

（一）高校教育创新是时代发展的要求

当今世界，科学技术突飞猛进，知识经济已见端倪，国际竞争日趋激烈。人类社会发展到今天，相对于物质资源，人力资源成了第一资源；相对于人口数量，提高人的素质成了第一要务；在人的素质中，创新精神和实践能力是其重点。科学技术进步，越来越依赖于科技创新；知识经济发展，越来越依赖于知识创新；国际竞争，说到底，是人才的竞争，是民族创新能力的竞争。无论是科技创新、知识创新，还是民族创新能力的提高，最关键的是人才。而人才的成长靠教育，其中高校教育是非常重要的阶段。高校可以说是培养高素质人才的重要基地，进行教育创新从而适应时代对人才的需求，这对高校而言无疑将具有非常重要的意义。

（二）高校教育创新是社会主义现代化建设的需要

目前，我国已经进入全面建设小康社会、加快推进社会主义现代化的新阶段。在新世纪新阶段，面对新形势、新任务、新问题，最根本的是坚持体制创新，大力推进经济体制、政治体制和文化体制改革，逐步消除经济、政治和文化建设的体制性障碍，为经济、政治和文化发展注入新的活力。而体制的创新，取决于理论创新和人的创新精神和能力，最终取决于创新人才的培养。高校教育是知识创新、传播和应用的重要基地，也是培育创新精神和创新人才的重要摇篮。无论在培养高素质的专业人才方面，还是在提高创新能力和提供知识、技术创新成果方面，高校教育都具有独特的重要意义。高校承载着人才培养与输出的重大职责，只有不断推进教育创新才能为我国的现代化建设提供更多的富有创新能力的人才。

（三）高校教育创新也是高校教育自身发展规律的必然要求

党和政府高度重视教育工作，我国教育事业取得了举世瞩目的伟大成就，实现了历史性跨越。高等教育毛入学率已接近大众化水平，高等教育已迈入大众化阶段，高校管理体制和后勤社会化改革取得了突破性进展，教育质量和办学效益不断提高。这些都是高校教育改革创新的结果。但是，我国高校教育与发达国家水平相比还有较大差距，与社会主义现代化建设需要相比还有较大差距。我们的高等教育思想、教育体制和结构、教育内容和方法，和社会主义市场经济体制不相适应的矛盾和问题，正在日益暴露出来。这其中，既有不少过去从未遇到过的崭新问题，也有一些无法回避的深层次矛盾。解决这些问题和矛盾，没有现成的经验和方法，根本的出路在创新。

二、深刻认识高校学生管理工作理念创新的重要性

（一）创新学生管理理念是新形势下做好学生管理工作的首要条件和客观要求

随着改革开放的深入和市场经济的发展，学生对各种思想、文化的接受和选择有了更广阔的空间，社会上的各种思想和价值观念必然对当代大学生产生巨大的影响，给学生管理带来新的挑战。同时，我国大学教育的管理现状，还存在着许多不适应之处，突出表现在许多教育管理人员仍沿袭传统的单一模式和思维习惯，原有的以学校和教师为中心、忽视学生主体性的管理模式，使学生管理面临新的困境。

（二）创新学生管理理念是新形势下做好学生管理工作的逻辑起点和必要前提

当前的高等教育正由精英教育向大众化教育阶段跨越式发展，既要把学生视为接受教育的对象，又要把学生当作管理服务的主体；既要严格管理规范，又要重视教育引导；既不能一味追求意志统一，又要充分保障学生权益；既要强调集体观念和社会需要，又要趋向于人的个体需求与素质

发展。因此，21世纪的高校学生管理首先必须对管理理念进行创新，并把这种理念创新当作高等教育大众化条件下学校管理工作的逻辑起点和必要前提。

（三）创新学生管理理念是新形势下做好学生管理工作的应有之义和关键所在

经济建设需要人才，而培养出的人才只有为社会所接纳，并转化为生产力，才能发挥作用。时代变化激发理念变化，理念变化决定时代变化。没有先进的理念，工作就缺乏正确的导向。新时代高校学生管理工作的现代化首先是管理理念的现代化。学生管理工作作为高校学生管理工作的重要组成部分，就要求冲破传统束缚和实践障碍，解决好工作中的"瓶颈"问题。因此，从某种意义上说，理念是管理的基础和先导，是管理的核心和精髓，是做好管理工作的关键所在。

第二节　正确理解学生管理工作理念创新的实质与内涵

从人类历史进步的角度看问题，社会的存在是以人的存在为前提的，社会发展的动力来源于人创造历史的活动，社会发展的程度最终是通过人的发展程度来衡量的，社会发展进步的根本目的是为了实现人的发展。同时，人是社会赖以进步的第一重要的、起决定作用的因素，社会进步本质上是一个在改造客观世界的同时，不断改造人的状态、发展人的能力、提升人的价值的过程。

育人是学校教育的第一使命。大学最根本的职能和最核心的价值是培养人才、促进人的发展。大学的历史使命是人的灵魂的塑造者，是主流价值观的传播者，是先进生活方式的倡导者，是人类精神交流的传递者。从大学的社会功能而言，大学应该服务于先进文化的传承、创造和弘扬，应该服务于人类社会的整体利益，应该服务于国家和民族事业的全面进步。

学生管理工作理应注重学生整体素质的提高，注重学生自由、充分、全面的发展。其基本目的是让受教育者尽可能深入、广泛、多样地了解人所处的世界，了解人自身所处的生存状态；终极目标是最大限度地挖掘自身的潜力，提高学生的综合素质，从而为人类社会的全面进步提供精神动力和智力支持。

学生管理工作理念创新的主要内容包括以下几方面。

一、转变思想观念，坚持育人为本的管理理念

人是手段与目的的统一体。这就要求既要把人当作目的，又要把人当作手段；既要尊重人、关心人，又要管理人、发展人；既要满足人的物质利益，又要符合人的精神需要。同时，人又是权利和义务的统一体。这就要求学生管理必须体现民主、平等的精神，在管理工作中公正地善待每一个学生，尊重和保护学生的权利，坚持做到有管有放、有宽有严，为学生的全面发展创造最佳条件。

育人为本，是人本思想在学生管理工作中的具体化，是社会主义核心价值观在高等教育领域的根本体现，是学生工作的根本出发点和落脚点。作为一种价值观，就是要以人为基础，以人为动力，以人为目的，强调唤醒人的自我意识，尊重人的主体地位；满足人的主体需要，尊重人的精神诉求；肯定人的自我价值，强调人的全面进步。作为一种工作方法，就是要坚持以学生的根本利益为出发点，既严格教育管理，又注重人文关怀；既严格纪律要求，又注重道德教化；既严格程序规范，又注重内容效果。作为一种思维方式，就是要转变思想观念，强化服务意识，坚持"一切为了学生、为了一切学生、为了学生一切"，逐步实现民主交流、平等沟通、相互理解、和谐统一。

二、贴近学生实际，坚持精细化的管理理念

所谓"精细化管理"，就是将管理覆盖到每一个过程，控制到每一个环节，规范到每一个步骤，具体到每一个动作，落实到每一个人员。学生管理工作的一个显著特点是所管理事务的繁杂、琐细。因此，学生管理工作的核心就是"在'细'字上做文章，在'实'字上下功夫"。

在精细化管理中，关键要突出一个"细"。"细"有几层含义，一是规范。严格管理规章和工作程序，坚持制度面前人人平等。二是科学。善于运用现代管理方法和信息手段，积极探索和掌握学生管理工作的客观规律。三是到位。在学生管理过程中，每一个环节必须考虑到，不忽视微小的管理漏洞。四是明确。落实管理责任，将管理责任具体化、明晰化。要求管理的过程条理清楚、层次清晰。五是深入。把工作做得具体、做得扎实，追求一种精益求精的境界，使学校的管理水平迈上一个新的台阶。

三、整合各种资源，坚持系统化的管理理念

任何管理都是对系统的管理，没有系统，也就没有管理。系统化就是从整体上构建学生管理的系统模型和综合模块，把学生管理工作作为一个集学

习机制、竞争机制、奖惩机制、决策机制、评估机制和反馈机制等于一体的动态过程。

学生管理工作是一项系统工程。它不仅是学生工作者的责任，也是全校教职员工的责任，必须高度重视，加强领导，通力合作，形成合力，始终坚持依靠广大教职工、学生政工干部和全体学生积极参与的全员管理。必须针对不同年级的不同特点和不同个体的不同特征，将学生管理工作贯穿于学生成长成才的全过程。它又是全方位的，涉及方方面面，必须始终坚持管理即服务的观念，把解放思想问题与解决实际问题相结合，为学生做实事、办好事、解难事；始终坚持教育管理的理念，努力提升学生管理工作的人文内涵，强化育人效果。

四、增强自律意识，坚持自主化的管理理念

所谓"自主化管理"是指在学生管理人员和专业教师的指导下，学生自我教育、自我管理、自我服务和自我发展的教育管理模式。其核心是关注人的发展，营造一种宽松和谐的民主气氛，调动学生的主动性、积极性和创造性，培养学生的创新精神和实践能力。

要充分发挥学生班团组织、社团组织和学生党支部的作用，丰富课余生活，拓宽知识面，增长才干，陶冶情操，培养特色鲜明的校园文化精神；要充分发挥学生干部和学生党员的先锋模范作用，让他们自觉地加入到学生的管理工作中来，成为重大问题的参与者、决策者，在参与管理的实践中尝试管理，学会管理，懂得管理；要充分发挥学生的主人翁精神，突出学生的教育主体意识，实现学生干部队伍自我管理制度化。

五、以培养学生创新精神为核心素质的管理理念

这是解决高校学生工作培养什么人的问题。随着知识经济信息社会的到来，创造力将成为社会经济进步的主要动力，成为关系市场竞争成败的决定性力量，那种"唯文凭、唯分数、唯专业"传统的人才观已不合时宜。教育工作的重点应放在提高受教育者的创造力方面，通过在教育过程中对创造力的发掘、训练、强化、激发受教育者的创造热情和创造才能，积极培养适应时代要求的创新人才。21世纪的人才应是能够适应新技术革命的挑战，能够参与全球性竞争与合作，能够主动适应、积极推进甚至引导一系列社会变革的创新人才。

六、突出主体、开发潜能、激发创造的管理理念

这是解决高校学生工作怎样培养人的问题。传统的学生工作常常是管而不导，堵而不疏。这种治标不治本、浮在面上的学生工作方法已不能适应当代大学生的成长成才需要和现代高等教育发展形势。新形势下的学生工作要突出学生的主体地位、尊重学生个性的张扬与优化。通过理想信念教育，为学生进行自我选择和自我调整提供精神动力和行动指南；通过正面引导、反面惩戒来进行学生的需要诱导；通过动机激励、过程磨砺、利益驱动来进行学生的需要驱动等，激发创造学生内在成才动力，从道理上说服学生，让学生弄清是非，权衡利弊，从而使学生正确规范自身行为，正确选择调整自身在学习、生活中的需要结构。而教育观念要打破统一思想、统一标准、统一布局的模式，适当地提倡拉开档次，铺开阶梯，允许有部分人先走上去，另一部分人再扶上来的育人的阶梯原则。对广大青年学生，应当把他们当成能动地参加教育活动的主体，而不仅仅是教育的对象和受教育者，变以往的家长式、保姆式、灌输式的教育为疏导、启发、自我教育为主的方式。

七、体现互动性、层次性、整合性的管理理念

这是解决高校学生工作体制的理念问题。高效的工作体制可以促发主体的工作热情、兴趣，使主体在工作中不断产生自我满足感和成就感，从而成为主体不断产生工作主动性、自觉性、创造性的不竭动力；也可使整个工作群体形成团队意识、协作精神。传统的高校学生工作体制存在一定的缺陷：一是体制重心的错位，造成协调、服务部门忙于应付具体事物性的工作，而无暇对整个学生工作进行协调与把握；二是体制基层的虚位，学生工作基层组织的积极性没有充分发挥出来，使整个学生工作活力欠缺，创造力不够；三是体制的整体创造力的空位，造成领导机构、协调部门、基层组织的脱节。面对 21 世纪的高校学生工作必须要适应培养高素质创新人才的需求，进行体制理念的创新，其中应注意三个方面：一是体制的互动性，有利于上层和基层相互激发工作活力与创造力；二是体制的结构层次性，有利于工作环环相扣，层层递进；三是体制的整合性，有利于局部服务于整体，全局指导、协调局部，发挥整个体制的凝聚力和资源整合力。具体来说，就是要形成"上"有"决策层"，总揽高校学生工作全局，把握带基础性、全局性、前瞻性的大问题，坚持社会主义办学方向和育人原则；"中"要有"协调层和监控层"，对学校总体学生工作进行具体指导、协调和监控；"下"要有"责任层和落实

层",充分发挥基层组织的积极性,实行工作重心的下移,推行目标管理、量化考核的评价制度,建立竞争机制。这样整个工作网络就会形成一个动态、灵活、高效的"金字塔"型体系。高校学生工作是一个系统工程,其不仅仅是某个部门的职责所在,学校应树立"全员育人"的教育理念,形成"人人皆教育之人,处处皆教育之地""教学育人、科研育人、管理育人、服务育人"的一个工作大格局。

八、不断创新教育内容、服务内容的管理理念

这是解决高校学生工作具体工作内涵的理念问题。教育、管理、服务是学生工作的三大主题,但在新的时期这三大主题的结合方式以及它们三者自身的内涵就存在理念创新的问题。传统上不同程度地存在以管理为主的工作理念,而教育、服务功能被弱化、淡化,使工作一直停留在较低层次水平。面对新的形势:高校扩招,学生人数激增,学分制的推广,后勤社会化改革,学生的学习、生活的主要场所及方式都发生了很大变化等,传统的教育、管理已不合时宜,不符合青年学生的心理特征变化和他们的成长规律。高校学生工作要转变观念,逐步从管理型向教育型、服务型转变,转换工作职能。其一,要创新教育内涵理念。这是探讨学生工作教育的具体目标及教育方式等。教育是一个系统工程,不仅要加强对学生的文化知识教育,而且要切实加强对学生的思想政治教育、品德教育、纪律教育、法制教育等。要培养富有创新精神和实践能力的人才。对于高校学生工作的教育内涵来说,就是要进行以创新教育为核心、思想政治教育为基础的全面成才教育。而教育的方法主要是从说教式、灌输式的教育向启发式、引导式、激发创造式的教育转变。因为教育本身的要义就是要把教育内容内化为学生的内在需求,变以往学生被动地接受为主动的需要。其二,要创新管理内涵理念。这是探讨学生工作管理目标及方法。高校学生工作要从传统的以本本上的制度和手中的权力去管理的模式中走出来,注重"导向管理"。管理的内容要从点上的管理到整个层面的深层次管理;管理的对象要从个别管理到抓典型的管理;管理的依据要从校纪校规的管理上升到以法治校、民主治校的高度层次;管理的手段要变直接管理为主到以宏观和导向管理为主,变教师管理为主到以学生自主管理为主,总之,就是要从被动式、强迫式的管理变为主动式、民主式的管理,从管理为主的工作模式走向以教育、服务为主的工作模式。其三,要创新服务内涵理念。这是探讨学生工作服务目标及方法等。高校学生工作要从管理型的工作模式走向教育型、服务型的工作模式,要为学生的成长成才创造各种有利条件,

优化校园软硬环境，最大限度地激发学生全面成才的内在动力。服务的内容要把握学生在学习、生活中不同层次、不同方面的合理需要；服务方式要在引进社区管理方式的同时，实现服务最优质化、物质利益的最小化。学生不仅是受教育者，也是教育投资者和消费者，要为学生提供各种生活服务，改善生活环境，对学生社区进行物业化管理，健全社区功能，构筑集文化、休闲、娱乐、购物、健身为一体的文化社区；提供勤工助学服务，扩大勤工助学的网络与途径，帮助困难学生顺利完成学业；提供学习服务，指导学生考研、出国、创作发明等；提供就业服务，健全信息网络，加强政策、心理、技术各方面的指导等。

九、树立运用现代科技手段进行管理的现代理念

这是解决新形势下拓展工作领域的问题。网络技术的发展给传统的高校学生工作带来了新的挑战，同时也为学生工作提供了现代化手段，拓展了新的空间和途径。新形势下学生工作要转换教育观念，树立信息资源意识，主动超前介入网络教育平台，这是把握新时代高校学生工作制高点的有效途径。网络的交互性、虚拟性、平等性、开放性等特点使学生教育管理工作也呈现新的特点，比如教育、管理方式的隐形化、个体化、咨询化和平等化等。学生工作进网络还是一个尚待深入研究的新课题，这不仅是学生工作某个方面或某个层次的创新问题，而且是互联网时代条件下高校学生工作的全面创新问题。其中至少应把握三个要义，一是要找准学生工作进网络的立足点，用正确、积极、健康、科学的思想文化信息占领网络阵地，提高学生"接受正确、有益的信息，抛弃错误、有害的信息"的能力；二是探究学生工作进网络的切入点，采取与大学生心理需求、生理特征及成长规律相适应的生动活泼、喜闻乐见的形式和内容；三是要把握学生工作进网络的融合点，"进"不是简单将学生工作的内容放在网上，也不是单一地把它作为技术性质的信息交换系统，而要从本质上实现学生工作与网络的融合，达到内容和形式、科技与人文的有机融合，充分发挥网络在学生工作运用中的服务功能、教化功能、引导功能和管理功能，趋利避害，规范网络道德，培养积极、健康、科学的网络文化。

第三节 新时代高校学生管理工作理念
创新的重点方向

一、高校学生管理工作应秉持以人为本的理念

从人类精神解放或人的精神发展过程来看，以人为本是人本主义思想发展的较高层次。人本主义思想的发展经历了超越自然（神）本位、超越人伦本位和以人为本三个层次。在超越自然（神）本位层次，人类相对摆脱了自然（神）的束缚，开始看重和强调人类本身，确立了人类的优越和中心地位，人类获得了相对的自由。在超越人伦本位层次，个人相对摆脱了传统人伦文化的束缚，开始看重和强调个体的价值，确立个体的人身地位，从而获得了个体的相对平等和自由。在以人为本层次，个人相对摆脱了自身的束缚，开始注重个体的异化，在不断否定自己的过程中，使自身的肉体和精神相对分离，个体获得了精神异化的相对自由。因此，它同以人群为本位而脱离自然（神）束缚，从而重视整体人群的价值不同，它是以个体为本位，要求个体摆脱人伦文化的束缚，强调个体间的自由与平等，强调一种以充分发挥个人价值的"个性主义"为原则。

以人为本与马克思主义学说的基本价值追求是一致的。纵观马克思主义的庞大思想体系，它构建了两个并行不悖、相得益彰的价值目标——建立共产主义社会制度；在高度发达的物质生产力基础上全面发展的从必然王国走向自由王国的人。在《1844年政治经济学—哲学手稿》中，马克思设置了自己思想体系中的人道主义追求。在那里，共产主义的最高目标是为了人向真正的人复归。"这种共产主义，作为完成了的自然主义，等于人道主义，而作为完成了的人道主义，等于自然主义……"虽然马克思所设想的未来人主要是消灭了体力劳动与脑力劳动的对立，能够在生产过程中各部门自由流动的人，但它已包含着人与自然、人与社会及人与人的矛盾的完全解决。按照人本主义发展的层次，它应该属于超越自然（神）本位（解决人与自然之间的矛盾）和人伦本位（解决人与人之间、人与社会之间的矛盾）之后的以人为本层次。由此可见，将"以人为本"作为工作理念是符合马克思主义的内在要求的。

不可否认，人本主义思想具有多方面的局限性，但是，站在马克思主义人本思想的高度，对"以人为本"内涵的理解不应该仅仅从其发展过程上理解，尤其不应该就其局限性而否定其进步性、合理性，还应该从其层层递进的逻辑性上理解。由此而言，"以人为本"作为人类精神解放或人的精神发展的最高层次，必须涵盖以下三个方面：一是人与自然关系的合理解决，包括人（类）主体地位的确立、科学主义精神的弘扬；二是人与社会的关系、人与人的关系的合理解决，包括合理的个人主义和集体主义原则；三是人与人自身的关系，包括人自身物质享受和精神追求的协调发展。

（一）高校学生管理工作中人本理念的含义

高校学生管理工作中的人本理念就是以"以学生为本"的理念，即要进一步强调大学生在学生工作中的重要地位，进一步加强对学生的教育、管理、指导和服务，为学生的健康成长和全面发展创造条件、营造氛围；要调动学生的积极性、主动性和创造性，强化其在教育过程中的主体作用，发挥其自我教育、自我管理、自我服务的作用；要了解学生、尊重学生、理解学生和信任学生。同时，我们又必须明确，坚持"以学生为本"，不但不能放弃，而且更应加强教师的主导作用。学生始终是受教育者，尊重受教育者在教育过程中的主体作用并不是意味着要放弃管理者在教育过程中的主导作用，学生工作者始终负有教育、管理、指导、服务学生的责任，我们坚持"以学生为本"，就是要把这种教育、管理和引导的作用发挥得更好、更到位、更有利于学生的健康成长和全面发展。坚持"以学生为本"，不但不能弱化，而且更应强化对学生的管理。以学生为本并不意味着迁就学生，让学生放任自流，无所顾忌，而是对我们的管理工作提出了更高的要求，要用更科学的方法管理学生，以保证学生沿着健康的轨道成长和发展。

坚持"以学生为本"，要求我们明确学生工作的任务就是要努力为学生的健康成长和全面发展创造条件，营造氛围。高等学校的根本任务是育人，作为高校基础工作的学生工作，它的最根本的问题就是学生的发展问题，就是确立更佳的目标、创造更好的条件、采取更好的措施，为学生的健康成长和全面发展提供教育、管理、指导和服务。对学生工作而言，就要围绕学校人才培养总目标，着眼于德的要求、生理健康和心理健康的要求、创新精神和社会适应能力的要求等方面，既突出创新精神和实践能力的培养，又全面体现素质教育的要求，在第二课堂上下功夫，在指导和服务上做文章，努力为学生的健康成长和全面发展创造条件，营造氛围，促进学生成为全面发展的能适应社会需要的人才。

　　坚持"以学生为本"，就要求我们把学风建设作为学生工作的切入点。学生的根本任务是成长和发展，成长和发展的重点是学习，尤其是专业知识的学习。学生工作为学生的成长和发展服务就是要创造良好的学习环境，学风建设是创造这种环境的重要内容，抓学风建设是学生工作体现"以学生为本"的切入点和着眼点，以此可以防止把学生工作与教学工作等其他工作相割裂的现象，避免出现"两张皮"的局面，切实有效地服从和服务于学校的中心工作。

　　坚持"以学生为本"，要求我们强化对学生的指导和服务。学生工作要从教育、管理为主的工作模式转变到在加强教育、管理的同时，强化指导和服务的新格局上来，着力构筑指导、服务学生的工作体系，这既是"以学生为本"的工作理念的体现，也是满足学生多样化需求的必然要求。学生工作要注重科学化管理，实现日常管理的制度化和规范化。学生工作要注重学生的自我教育，自我教育是教育的最佳方式和最终目的，但在学生的自我教育的过程中要加强引导。学生工作要加强指导和服务，帮助学生解决各方面的具体困难。

　　坚持"以学生为本"，就要求我们着力推进全员育人局面的形成。首先要明确在教学科研并重型大学里学生工作与教学工作、科研工作、后勤工作的关系，要认识到学生工作不是一项孤立的工作，而是与三者紧密联系在一起的，教学、科研和后勤工作中都有育人的任务，要继续强调"教书育人、管理育人、服务育人"，调动全校教职员工的育人积极性。同时，要实行系（部）主任负责制，系（部）主任要对所在系的工作负全面责任，其中很重要的一个方面就是对学生工作负责，既要关心学生工作，更要直接参与学生工作。专职学生工作者的基本职责是学生的日常思想政治教育、学生行政管理、对学生的指导和服务、主持学生中的党团工作，他们要在全员育人的环境下做更多更扎实的工作，发挥更大的作用，并且要带动广大学生自我教育、自我管理和自我服务。在条件成熟时还要将学校育人与社会育人、家庭育人更紧密地结合起来，形成更广泛的全员育人的局面。

　　（二）"以人为本"理念是高校学生管理工作创新的灵魂和核心

　　首先，贯彻"以人为本"的工作理念是形势所趋。从高等教育自身的发展来看，在计划经济时代，学校代表国家为学生提供福利性质的教育，学校和学生之间是教育与被教育的关系。随着高等教育改革的不断深化，学生和国家对教育费用实行成本分担，学生由单纯的享受国家福利变成了自身教育的投资者，学校和学生在一定程度上形成了经济学意义上的服务与被服务的关系。学生缴费上学,学校提供教育服务。高校是培养社会主义建设所需的各种人才的重要基地。可以设想,如果高校的学生管理工作不能体现"以人为本"的宗旨,那么社会就失去了人才上的保障。因此说在这样一种大环境下,在高等教育中贯彻"以人为本"的教育理念不仅有着充分的社会基础,也是社会形势向高等教育提出的新要求。

其次,贯彻"以人为本"的学生管理工作理念是学生管理工作的内在要求。有些学生管理工作者往往把学生管理工作理解为要"管住"学生,理解为通过外部强制作用规范学生的日常行为。这种工作理念严重限制了学生管理工作的开展范围和工作效果,甚至违背了学生管理工作的根本目的。过去我们过分地强调学生管理工作的行政任务,而忽视受教育者的主体价值;强调思想统一,而忽视大学生们的个性培养。思想道德素质的培养其实是一个人格创新过程,包含着思维能力、判断能力和实践能力的训练过程。这个过程是由主体完成的,外在的因素只是起到引导、启发作用。

过去有些人把学生管理工作的目的理解成要把大学生们变成思想上无差别的个体,要求学生们整齐划一,这种工作理念必然导致采取家长式的工作方式。在这种工作理念指导下的学生管理工作不仅在本质上偏离了学生管理工作的根本目的,也不能在现实的工作中适应大学生们的具体情况。因此学生管理工作必须在理念上进行转变,要充分认识到学生管理工作的目的在于提高学生的思想政治水平、价值判断能力和道德品质修养,这就决定了学生管理工作必须获得学生们的主动参与,而只有在工作中最大限度地体现"以人为本"的工作理念,才能达到激发学生主动性、发挥主体能动性的目的。

再次,学生管理工作和思想政治教育相结合是贯彻"以人为本"工作理念的必要手段。贯彻"以人为本"的工作理念的同时,要积极推动思想教育与学生管理相结合,在通过规章制度等约束人的行为的同时,把思想政治工作的柔性导向融入其中,把自律与他律结合起来。没有思想教育的学生管理是简单粗暴的,没有学生管理的思想教育是软弱无力的。过去我们的思想政治工作没有很好地把握和处理教育与管理的关系,使得思想政治教育失去了管理的依托,使得学生管理失去了其教育人的内涵,忽视了对大学生的主体性价值的尊重,从而削弱了思想政治工作的有效性。在新形势下,高校要坚持"立足于教育、辅之以管理、寓教育于管理"的思想政治工作原则,通过将教育落实到管理中,把管理上升为教育,使得两者相得益彰,互补互促,以达到塑造人、引导人、规范人的目的。

传统的学生管理工作比较强调灌输,普遍采取管理者集中式教育的方式,这样容易造成学生实践体验和独立思考能力的弱化。学生管理工作者应树立以学生为中心的工作观念，注重学生的独立思考和自我教育，根据学生成长的内在需要和规律，重视大学生所接受的信息的复杂性，在引导的基础上努力实现学生对教育过程的主动参与，在参与中发挥其主体能动性，真正达到改变其世界观、人生观的目的。同时，学生管理工作内容上的创新和形式上的创新是分不开的。一种新的工作理念的实行、一种新的工作方法的运用，都需要在工作内容上进行相应的调整，而一种新的工作内容往往也就意味着新的工作方法的引人。

（三）高校学生管理工作中人本理念的基本要求

在高校学生管理工作中真正贯彻人本理念，就一定要切实地尊重学生、关心学生、培养学生、激励学生、服务学生，把如何培养学生健康成长和最终成才，把促进学生全面发展作为学生管理工作的根本目标。

首先，要尊重和信任学生。以人为本的核心就是管理者对人的尊重和信任。尊重和信任学生，就是充分尊重学生的人格、自由、权利，尊重学生的独立性和创造性，要积极地、有意识地鼓励和引导学生自己去摸索，让学生学会学习。这里的尊重与信任，并不是在管理上对学生不理不管，放任自由，而是以一种更积极认真的态度，把参与管理变为学生自身的一种需求，充分信任学生的自我管理能力、自律能力和相互协调能力，以激发学生学习和生活的热情，在尊重信任学生的基础上体现严格要求。管理者在与学生的交往过程中，应该成为学生的良师，对学生进行思想品德教育和行为准则教育，教会学生如何做人；同时还应成为学生的益友，在学习和生活上指导学生健康成长，帮助学生解决实际困难，维护学生的合法权益。这种良师与益友的关系在很多场合是交织在一起的，贯穿于学生管理工作的整个过程。

其次，要关心和爱护学生。要针对学生的特点，采取适应学生的有效措施，主动关心学生在学习中遇到的困难，及时为学生提供指导与帮助；关心学生的身心健康，经常与学生谈心，解除学生的一些思想负担，积极组织开展多种文体活动；关心学生的生活困难，掌握贫困生的情况，帮助学生克服解决一些实际困难。关心学生的权利，在奖学金评定、评选先进、选拔学生干部、发展党员等方面增加工作的透明度，并力求做到公正、公平、公开。

再次，要培养和激励学生。学生管理最重要的任务是提高人的综合素质，而人的素质是在社会实践和教育中逐步发展和成熟起来的。通过教育，不断提高人的思想道德素质、科学文化素质和健康素质是管理工作的主要任务。因此全面提高人的素质，对学生不断进行培养和教育，就必然成为学生管理活动的一项重要内容。实行辅导员助理制，在高年级培养选拔一批思想素质好、专业基础扎实、富有责任心的学生作为低年级学生的辅导老师，培养他们成为低年级学生学习上的指导者、生活上的辅导者、思想上的引路者、人生中的影响者，使之在实践中不断充实自己、提高自己、丰富自己、完善自己。在学生管理过程中，灵活多样地运用各种适当的激励方式，对学生工作显得尤为重要。美国著名心理学家马斯洛认为，人是自然人与社会人的混合体，作为自然人他们有生理的需要、安全的需要，作为社会人他们有社交的需要、尊重的需要和自我实现的需要。要通过采取适当的激励措施来满足各种不同层次的需要，要根据不同的情况、不同的对象采取不同的激励方式，尤其要注意满足作为社会人的社交、尊重和自我实现方面的需要。要通过构建激励机制，努力去满足学生不同层次的需求。

二、高校学生管理工作应秉持契约理念

（一）引入契约理念的必要性

在我国，随着高等教育大众化时代的来临，传统的凭借高校权威实施学生管理的模式，已不适应我国高等教育的发展。高等教育收费制度以及现代民主法制社会的建立，使高校与学生的关系发生了质的变化。学生开始缴费上学，虽然学生所交纳的学费并不足以抵消生均培养成本，但这已使高等学校与学生的关系由过去单一的纵向行政关系转变为包括花钱购买教育服务的消费关系在内的多重法律关系。学生的权利被强调和重视，学生已成为教育法律关系中独立的重要主体，这些都要求高校对学生的管理方式也应发生相应的变革。基于高校与学生法律关系在性质上的分化，契约式管理也应采取不同的形式，并严格遵守不同形式契约的原则。

在校方提供教育服务和生活服务的过程中，高校与学生之间存在平等的民事法律关系。比如，高校与学生之间存在一定的民事合同关系。学生的报考和高校的招录，相当于合同缔结中的要约与承诺；学生入学，要向校方缴纳学费，作为回报，校方应提供一定质量的教育和生活服务。在学生付费，学校及其内部机构提供服务的领域，学校与学生地位平等，若有违约则必须承担法律责任。另外，学校的内部事务管理不能侵犯学生的财产或人身权利，等等。学生身份的消费者性质，要求高校，特别是公立高校，作为教育公共部门，要提供相应的公共服务及其物质条件，其中包括承诺的教育水准、充分的校园安全、足够的教学设备、良好的学习与生活条件等。在高校提供的生活服务领域，高校不应以管理者的姿态侵犯学生作为消费者的权利。

高校和学生之间的民事服务关系，是一种平等的民事契约关系。学生享

有完全的自由、平等权利，有权要求学校提供高质量的服务，例如，高校在收取学生缴纳的诸如学费、住宿、生活用品、网络服务、餐饮等方面的费用后有义务按承诺提供相应的产品与服务。高校在特定范围内，特别是在确立、变更、终止民事权利与义务关系的领域，如高校提供住宿、学生交纳费用，学生提供一定劳务、学校支付一定劳务费等，通过高校或高校职能部门与学生之间订立民事契约，达成一定目标，已成为世界各国普遍采纳的方式。从同为民事主体的角度来看，学校和学生之间应该是一种平等的关系，双方都对对方既有权利又有义务。学校在拥有对学生的管理权的同时，学生也拥有维护自己权益的权利。学校不再拥有绝对的权威，学生也不再是完全的被管理者，二者之间具有平等的地位。目前，很多高校已开始通过与学生订立合同的方式实施学生的宿舍管理、餐饮管理、网络使用管理、付费使用的校园资源管理等。然而，从大部分高校与学生签订的合同内容看，所谓的民事性质的合同大多流于形式。存在的问题主要是高校与学生签订的民事合同并未体现双方主体地位的平等，学生缺乏可选择性权利，仅规定学生的义务，缺乏学校义务性规定，高校与学生权利与义务的规定严重不对等；仅规定学生的违约责任，缺乏学校未提供合同承诺的服务的违约责任；合同的制定缺乏学生的参与，仅仅是学校职能部门意志的体现。

与此同时，在学籍、学位、考试评估、教育教学秩序维护等教育教学管理领域，高校与学生之间存在行政法律关系。依据我国法律规定，经法律法规授权的社会组织，可以成为我国行政关系中的行政主体，拥有一定的行政职权。高校就属于这一类行政管理者，依据有关教育法的授权，可以对学生进行教学管理，做出奖励或惩罚，并自主决定是否对学生颁发毕业证或学位证。在这些活动中，双方之间并不具有平等的地位，是一种强制性的命令与服从的关系。因此，从理论上可以认为，这种关系属于一种特殊的公法上的行政关系。

高校与学生行政契约关系的建立，使学生可以真正参与到高校事务中来，体现学生的主体地位，不仅可以减少潜在冲突的发生，而且可以改善高校与学生的关系，建立彼此合作、相互依赖、相互尊重、平等对话的良性互动关系和双方主体间的伙伴关系。契约的应用与缔结，使高校与学生在契约的维持下保持持续、稳定的协作关系，有利于学校秩序的稳固化。

（二）契约理念的基本要求

高校与学生之间契约的本质，既是高校用来维护教育教学秩序的手段，又是学生对高校权力进行限制的方式，这对高校以及高校学生管理工作者提出了新的要求。

首先，要求高校平等对待学生。把契约的平等精神引人教育行政领域，让学生在与学校具有平等地位的前提下商议教育行政目标的达成，使教育行政减少不平等与特权性的因素。契约的基础是双方主体地位平等、协商一致，契约的形成过程是民主的过程，契约充分体现了民主的本质与特性。现代行政本质上以民主宪政为基础，强调公民权利、人格尊严、社会公正与社会责任，重视公民的参与，充分体现了契约的精神。现代教育行政在法律授权的前提下，具有裁量性、能动性，在学生管理中引入契约理念，不仅与依法行政具有相容性，而且可以凭借契约手段灵活应对学生管理中出现的复杂、动态和难以预见的问题。

其次，要求高校尊重相对人意志。把契约的自治精神引人教育行政，使学生有选择的权利，进行商议的过程也是其利益权衡的过程，选择是契约精神中的应有之义。通过选择建立沟通渠道，这也是行政契约最突出的优点和功能。而一般行政行为缺乏沟通功能。契约作为一种制度、观念、方法，已在行政运行秩序中得以建立、吸收和广泛应用。在行政法学中，我国学者对契约能否在行政权力行使过程中予以运用或许会有不同看法，但对行政契约的存在、行政契约的特征以及行政契约的基本类型等问题的观点则大体一致。因此，考虑到教育行政的民主参与、教育行政方式的多样化和教育行政的目的等因素，应允许在高校学生管理中"讨价还价"和"议价行政"。

再次，要求高校重视学生的权利。在行政契约中同样有相对人——学生的权利。通过行政契约使高校更加尊重学生权利，同时通过学生权利的实现来制约高校的权力。考虑到高校权力制约的需要以及高校与学生之间的行政契约关系的特殊性，在高校与学生之间行政契约的缔结过程中，应有以下几个方面的限制：一是职权限制。高校必须在法律赋予的职权范围内缔结行政契约，不得越权行政。二是法律限制。高校缔结行政契约不得与法律法规的规定相抵触。三是内容限制。行政契约的目标是实现公共利益，因而行政契约的内容不得违反社会公益。由于高校在行政契约的缔结中处于优势地位，可能会导致实践中滥用职权、违法行政的情形，如高校的行政契约与其行政命令同构化，强制与学生缔结行政契约，违反应有的合意；高校滥用选择权暗箱操作，损害学生利益或国家利益。因此，必须限制行政契约的内容和目的。

在高校学生管理中强调契约精神，重视契约观念、契约手段以及契约制度，并不意味着完全以契约取代权力。高校的学生管理权力在教育法中仍然存在并发挥着应有的作用。由于契约意味着人性尊严、平等诚信、公正责任等，因而契约在高校学生管理中的引人，可以增强学校与学生的协作，提高学校教育服务的水准。

（三）高校学生管理中引入契约理念的意义

契约是一种双方或多方的法律行为，这种双方或多方的法律行为体现出不同利益的个体在维护自身权利过程中的博弈、合作、协商和对话。

契约理念除了以平等观念为前提，以自由意志观念为核心，以权利观念为基础外，还发展出协作观念、义务责任观念、诚实信用观念和法律约束观念。

首先，契约推崇平等观念，有助于限制校方权力和维护学生合法利益。平等观念是现代契约观念的前提，也是教育法的基础。对公共组织而言，公平对待每个委托人并为其提供服务比效率更重要，"法律面前人人平等"同样也包括了高校与学生地位的平等。正是基于高校被授权实施学生管理的考虑，法律确定了与其地位、角色相适应的权利与义务，从而在高校与学生之间公平地设置权利与义务。尽管高校与学生在具体的权利与义务上并不对等，但这并不意味着双方当事人的地位不平等。地位的平等既有权利与义务对等的法律地位平等，也有权利与义务不对等的法律地位平等。而且按照现代契约理论和契约法的现状，绝对的对价制度事实上已不存在，契约强调的是双方的相互依赖性，权利与义务不对等不能视为双方地位不平等的理由。基于高等教育的民主性，不宜强调高校与学生主体地位的不平等和学校的单方特权。

第二，契约突出自由意志观念，有利于推动学校对学生权利与意愿的尊重。契约是双方当事人的合意，是当事人双方自由意志的一致表示，当事人的真实意愿是契约成立和产生效力的首要条件，并由此形成了契约的自由意志观念。强调自由意志观念，有利于学校尊重学生的权利与意愿，防止学校借契约的形式实施单方强制命令。这里应包括两个方面的含义：一是在教育民事关系中，高校必须尊重学生的意志，不得将行政权力的强制性延伸至民事领域中来；二是在教育行政关系中，高校学生管理规章、公约、决定等规范的制定应体现民主性，保障学生的有效参与和监督，使高校的管理真正基于社会公益。

第三，契约突出义务责任观念，有助于规范校方和学生的权利义务关系。义务责任观念是现代契约的重要组成部分，它强调权利与义务的统一，强调平等主体之间的相互责任与义务。在高校学生管理过程中，义务责任观念的确立，不只是学生对学校管理的服从，对义务的履行和对责任的承担，更主要的是强调学校对双方约定义务的履行和守法义务的承担。契约一经成立和生效，学校就必须履行契约义务，承担责任，任何特权、部门利益都不应成为免责的事由。

第四，契约突出诚实信用观念，有助于培养大学生的诚信意识。契约以诚信为基础，要求双方当事人恪守承诺，积极履行契约义务。诚信本身作为原则已超越了私法领域而进入公法领域。高校诚信观念的培育，对我国尤其具有现实意义，因为当前学生诚信观念的培育，也是高等教育的任务之一，而高校自身诚信意识的提高，无疑有助于学生诚信意识的提高。

在高校学生管理中引入契约理念规范高校与学生的关系，是高校学生管理法治化的重要途径，不但可以促进高校依法治校、依法管理的进程，而且对于体现对学生的人文关怀、以学生为本和服务于学生的原则具有重要意义。

三、高校学生管理工作应秉持开放理念

（一）开放理念在高校学生管理工作中的重要意义

开放的中国需要开放的高等教育。开放的高校学生管理工作是开放高等教育的一个重要组成部分。落实社会主义核心价值观，构建社会主义和谐校园，弘扬社会主义核心价值体系，对高校学生教育管理提出了新的要求。

开放促进了高校内部管理体制、教学方式、管理模式的改革，在学生教育管理方面呈现出以下一些变化：一是学分制的逐步实行，"同班不同学，同学不同班"人数增多，使学生由班内走向班外。二是实践课程比重增大，理论教学课时相对减少，使学生由课内走向课外。三是后勤社会化的实施，分散住宿范围扩大，使学生由校内走向校外。四是法制观念的逐步强化，使学生维权行为时有发生。五是大学国际化的推进，形式多样的国际合作办学增多，使学生由国内走向国外。六是网络的普及和便捷，已成为与家庭、学校并列的第三种成长环境，使学生由现实世界走向虚拟世界。因此，高校学生教育管理工作，必须针对上述新变化，适应开放提出的新要求，审视开放带来的新挑战，采取扎实有力的措施，将教育管理的任务落到实处。

现在的大学生于改革初期的20世纪80年代，长于急剧变化的20世纪90年代，现在又处于快速发展的社会转型期，他们有崇尚自我、张扬个性的心理，面临着成才发展要求与教育教学以及学习、生活条件相对不足的矛盾，越来越强的维权意识、自主意识与自律意识薄弱、抗挫折能力不足的矛盾，在日益开放和多样化的社会生活环境中自我价值的选择、取舍的矛盾。学生的教育管理工作应贴近学生的学习和生活，帮助他们解决成人感与孩子气、求理解与闭锁、理智与好冲动、理想化与现实性、社会多样化与信念一元化等困惑，帮助他们在包容多样中形成思想共识，在理解变化中促进健康成长。只有这样，高校学生管理工作才能得到有效的改进。

高校的学生教育管理工作是一个具有特定功能的组织系统，开放是其重要特征之一。高校学生教育管理目标的实现和任务的完成取决于学生教育管理系统内部要素的合理建构和与外部环境的物质转移、能量循环和信息交换。高校学生管理工作的开放，一是指其系统内部的相互开放，即理性提升的教育系统、规范强化的管理系统、学习生活的服务系统等子系统有分有合，资源共享，互为利用，从而促进资源配置和利用效率的提高。二是指其系统的对外开放，即对社会开放。一方面接受社会辐射，积极扬弃，争取资源，为我所用；另一方面发挥高校思想高地的作用，影响社会，引领发展，增进和谐，促进学生教育管理水平的提高。因此，在改革开放的历史条件下，做好高校学生教育管理工作，需要强化开放的理念。

首先，开放理念是加强和改进高校学生管理工作的本质要求。

"没有开放，就没有大学教育"，"培养什么人，如何培养人"始终是高校孜孜不倦地思索、追求、实践的根本问题。前者要求解决好教育的理想性和现实性相结合的问题。大学教育说到底是一种"完人"的教育，正如爱因斯坦所说的那样："当学生走出校门的时候，他应该是一个和谐的人，而不应仅是一名技术人员。"和谐的人应具有社会中的共生意识、发展中的合作意识、理政中的法治意识、交往中的宽容意识和建设中的生态意识。后者则要求处理好教育的规范性和开放性相结合的问题。教育的规范性是通过制度、传统、习惯、氛围等环节来体现，而教育的开放性则表现为教师与学生、学校与社会、有形教育与无形教育的互动，实现的途径就是以开放的理念推进学生教育管理开放，使大学教育成为终身教育体系的一个重要环节，成为学习型社会建构中的一个重要园地，成为与家庭教育、自我教育、社会教育相贯通的一个重要枢纽，成为学生社会化过程中的一个重要阶段。因此，推进高校学生管理开放，不仅是理性的自觉，更是现实的需要。

其次，开放理念是加强和改进高校学生管理工作的源动力。开放促进高校学生教育管理改革，推动高校学生教育管理创新。开放使高校学生教育管理工作视野由窄变宽，动力由小变大，要求由低变高，措施由软变硬，导向由虚变实，负荷由轻变重，节奏由慢变快，从而使高校学生管理工作呈现三个鲜明的价值取向：一是"三力"合一，同频共振。即国家的意志力、学校的执行力、学生的内驱力在具体工作理念层面实现有机统一，使学校的发展目标与国家的战略需求相同步，学校的教育教学要求与学校发展目标相协调，学生的教育管理举措与学校的教育要求相匹配，学生的内在需求与学生教育管理的举措相一致。二是"三成"共举，协同俱进。即成人、成才、成功在具体工作目标层面实现有机统一，使学生真正地形成在淳朴中适应、在和谐中竞争、在厚实中创新的良好品格，使高校学生教育管理工作在促进全面发展与充分发展、课堂教学与实践锻炼的内在统一上尽责有为。三是"三有"并行，交融渗透。即有情、有理、有效在具体工作操作层面实现有机统一，把爱的教育贯穿于高校学生教育管理的全过程，把理论学习、教育和实践作为高校学生教育管理的一项重要任务，把解决问题、启迪心智、引导发展作为高校学生教育工作的重要切入点。

最后，开放理念是加强和改进高校学生管理工作的重要保证。开放的高校学生管理工作具有三个特点：一是自觉性。高校学生教育管理工作的加强和改进是一个不断求真、崇善、尚美的过程。求真就是合规律，高校学生教育管理既要合教育内部的规律，还要合教育外部的规律，否则就会事倍功半。崇善就是合目的，高校学生教育管理要全面体现党的教育方针，做到让党放心、让人民满意、让学生喜欢。尚美就是合形式，高校学生教育管理要在构建社会主义和谐校园中做出更大贡献。二是自律性。开放的高校学生教育管理工作是对传统循规蹈矩、就事论事的工作方式的超越。开放不是放手不管，更不是放任自流，而是用开放的理念统揽全局，用开放的心态包容多样，用开放的举措推动工作。三是自为性。开放的高校学生教育管理有利于争取更多更好的教育资源，为我所用；有利于营造良好的环境氛围，为我所享；有利于促进教育管理队伍素质的提高，为我所为。

（二）高校学生管理工作中开放理念的基本要求

首先，应牢牢把握高校学生管理工作开放的方向性。一是要坚持用邓小平理论、"三个代表"重要思想和社会主义核心价值观等马克思主义中国化最新成果武装学生头脑、指导学生实践、推动学生工作，牢牢把握学生教育管理的指导权、主动权、话语权。二是要牢固树立中国特色社会主义的共同理想，引导学生自觉在党的领导下，走中国特色社会主义道路，为建设民主、富强、文明、和谐的社会主义国家而勤奋学习，建功立业。三是要大力弘扬民族精神和时代精神。民族精神和时代精神是社会主义核心价值体系的精髓，只有大力弘扬民族精神和时代精神，才能使青年学生始终保持昂扬向上的精神状态。四是要深刻认识社会主义荣辱观的科学内涵，真正弄清其与社会主义市场经济相适应、与社会主义法律规范相协调、与中华民族传统美德相承接的深层关系，科学把握其先进性导向、广泛性要求和群众性基础的内在统一，促进社会主义道德体系在学生心中扎根。

其次，应突出高校学生管理开放的主导性。一是要重视思想政治理论课教学在学生管理中的主渠道地位。"教学有法，教无定法，贵在得法"。应根据大学生的认知特点，不断丰富教学手段，加强实践教学的环节，强化课程研究，确保讲出新意和特色、说出深度和规律，讲出学生想听的和我们想说的，提高教学的针对性和实效性。二是必须始终坚守思想政治教育这块学生管理工作的主阵地，坚持贴近实际、贴近生活、贴近学生的原则，把学生公寓建设成为融思想教育、行为指导、生活服务、文化熏陶为一体的"第二课堂"。加强思想政治教育主题网站建设，综合运用技术、行政和法律手段，全面加强校园网络管理，防止有害信息在校园网上传播。加强网络管理工作队伍和网上评论员队伍建设，掌握校园网舆情，引导网上舆论。三是要切实开展好党团组织活动、高品位的校园文化活动、大学生社会实践活动、科技创新创业活动和体育活动，引导学生在活动中受教育、长才干、做贡献。四是要重视学生管理工作队伍建设。做好学生教育管理工作，光靠经验和热情是不够的，必须有一批从事学生教育管理的高水平的专家。应从制度、政策、人事编制、职务职称序列上鼓励一些德才兼备又有奉献精神的同志去从事学生的教育管理工作，让他们真正把这项工作当作一项事业、当作一门学问、当作一个可以建功立业的岗位去钻研和奋斗。

再次，应增强高校学生管理工作开放的针对性。高校学生管理要从学生最关心、最直接、最需要、最现实的问题入手。一要引导学生学会学习，变"学会"为"会学"。更新学习观念，变革学习方式，创新学习手段，提高学习效率。二要引导学生学会自强，变"助我"为"我助"。进一步落实助学贷款，设立助学奖学金，建立与就业相结合的奖学金制度，组织好学生勤工俭学。三要引导学生学会创业，变"就业"为"创业"。把培养学生的创新精神、创业本领、实践能力放在重要位置，改革教学内容和课程体系。完善鼓励和支持高校毕业生创业的制度和措施，提供创业的优惠条件，加强对创业活动的指导和管理。四要引导学生加强心理健康知识普及教育，通过宣传倡导、教育引导、活动推导、家长督导等途径，做好心理健康教育工作。加强危机干预，消除潜在隐患。

最后，应强化高校学生管理工作开放的基础性。大学历来是社会文明的源头，是引领文化潮流、传播科学思想、开创文明新风的地方，倡导和谐理念、培育和谐精神是现代大学精神的应有之义，大学应该担负起和谐社会首善之区的使命。在建设社会主义和谐校园中，要发挥高校学生教育管理工作的思想导向作用，奠定和谐校园建设的强大思想基础；要发挥高校学生教育管理工作的价值引领作用，倡导和谐校园的正确价值取向；要发挥高校学生教育管理工作的道德规范作用，构筑和谐校园的坚强道德支撑；要发挥高校学生教育管理工作的文化建设作用，形成促进和谐校园的文化环境。开放的高校学生教育管理工作必须坚持教书与育人相结合、教育与自我教育相结合、政治理论教育与社会实践相结合、解放思想问题与解决实际问题相结合、教育与管理相结合、继承优良传统与改进创新相结合。就管理而言，还应坚持从严管理和科学管理、民主管理和依法管理相结合。按照依法办学、依法管理的要求，建立起学生维权工作机制，使思想教育与维护和保障学生权益工作相统一，提高学生的权利和义务意识，使学生的各种权益得到切实维护和保障，凡是办理有关学生事务，制定出台涉及学生切身利益的政策、规定、程序，都必须通过一定渠道听取学生的意见，做到公开透明，真正建立起维护和保障学生权益的服务体系，确保培养目标的实现。

第四节 积极探索高校学生管理工作理念创新的实现途径

一、加强高校学生工作者队伍建设，提高学生管理者的基本素质和理论水平。

（一）努力建立一支高效、精干、稳定、专业的学生工作者队伍，是做好学生管理工作的关键，是实现学生工作管理理念创新的根本

学生工作者要培养和造就高素质人才，自身必须具备较高的政治思想素质、合理的知识结构和较强的能力素质，并有较完善的自我形象和人格力量。作为学生工作者，如果放松了学习，思想就会落后于形势。因此，学生工作者要突破以往的思维定势，适应时代和高校发展的要求，重新定位自己。只有这样，才能担当培养合格的社会主义建设者和接班人的重任，开创高校学生工作新局面。

面对社会意识形态的复杂化，学生的学习、心理和就业等压力的加大，学生工作者队伍的地位和作用变得越来越重要，社会对这支队伍的要求和期望值也越来越高。一所学校纵然要有许多学识渊博、造诣精深的教授、学者，要有许多先进的教学科研设备和优美的校园环境，但如果没有高素质的学生工作者加以管理和教育，也难以培养出高质量的创新型人才。高校学生工作者作为思想政治工作的主体，在高校思想政治工作中发挥着十分重要的作用。他们面对的是具有较高文化层次、思想活跃、反应敏捷、善于独立思考、敢于标新立异、涉及的知识领域越来越广的大学生。决不能再按老框框办事，不能静等观望，而必须从现状中跳出来，按新时代对大学生培养模式的要求

发挥应有的作用。

学生工作者是学生思想政治上的向导，是学生学习上的督导，同时是人际关系上的协调者和生活上的关心者。学生工作者独特的人格魅力在学生中具有一定的示范作用。学生多数是远离家乡、父母，缺少关怀照顾，他们需要有人关心，更需要交流、沟通。多数学生从心理上把学生工作者作为自己的知心朋友，学生工作者往往以师长、朋友的身份处处关心、体贴学生，为他们做好服务，使学生在润物细无声中愉快地学习、生活，健康成长和成才。因此，提高学生工作的素质成为必要。

（二）新时代高校学生工作者的基本素质和基本要求

一支品德良好、品行端正、作风优良的学生工作者队伍，其一言一行、一举一动，将会成为学生优良品德形成的表率和楷模。因此，学生工作者必须做到坚持真理、忠于职守、为人师表、以身作则、办事公正、任劳任怨。尤其要坚持树立敬业创业精神和艰苦奋斗精神，发扬革命的献身精神和奉献精神，用自己的实际行动去影响和促进学生进步和成长。除了这种最基本的人格魅力之外，高校学生工作者要不断提高自身的思想素质、业务素质和政策水平。在当前思想观念、文化思潮多元化发展的趋势下，我们学生工作者必须转变观念，不断创新，应从以下几个方面着力提高自己的素质。

首先，要具备精深的思想理论素质和业务素质。通过自学、参加培训等形式，认真学习马列主义、毛泽东思想、邓小平理论和"三个代表"重要思想以及社会主义核心价值观，学习党的路线、方针和政策，学习高等教育理论与管理理论，了解高等教育改革的经验和做法，努力把握时代脉搏，提高工作的针对性和有效性。通过各种形式的理论学习和研讨，使自己从中汲取改进工作的智慧和动力，对环境的变化要有敏锐的触觉，要不断发现新情况、研究新问题，用富有前瞻性的眼光审视学生工作实践，用理论研究的最新成果指导学生工作实践。高校学生工作者只有具备了牢固的马克思主义世界观，才能在教学与教育工作中，帮助大学生确立正确的政治方向，从而促进大学生马克思主义世界观的形成。

学生工作者必须具有相应的文化水平和专业知识，才能接近大学生的共同的语言和心理特征。一支合格的学生工作者队伍，一方面既要求他们是学生工作的实践家，另一方面又要求他们是学生工作理论的研究专家。只有具备这种综合素质，才能博得学生的敬重和信任，更好地开展工作。要不断更新知识内容，增加理论深度，扩大知识面，提高实际工作能力。学生工作者本身的悟性、道德水准和政治素养直接关系到学生教育管理工作效果。要将学生教育管理与实施全面素质教育相结合，拓展和延伸学生工作的内容和空间，寻求学生工作者和学生整体素质相互促进、共同提高的结合点，实现两者的良性互动。

其次，要具备牢固的共产主义人生观。高校学生工作者只有具备了牢固的共产主义人生观，才能在教学与教育工作中，始终贯穿对大学生进行以辩证唯物主义和历史唯物主义的立场、观点和方法看待人生的教育。树立强烈的社会责任感和为人师表的爱岗、敬业精神，才能在教学与教育工作中自觉地把方便让给别人，把困难留给自己，以苦为乐，以苦为荣。要正确地面对竞争，在工作中要增强危机感、紧迫感和责任感，增强主动性、积极性和创造性，增强对荣誉、得失、风险、失败等的承受能力，始终保持清醒的头脑，做到胜不骄、败不馁，使自己的心态经常处于平衡状态。要敢于竞争，善于竞争，同时还要引导大学生树立积极的竞争观，并通过竞争培养大学生的顽强拼搏精神。

再次，要具备积极的创新教育观念。高校承担着培养和造就创新人才的重任，要通过创新的机制，保证教育内容、教育方法、教育载体、教育渠道上的创新，努力培养出广受社会欢迎的高素质创新人才。一要重视制度的创新。学生工作者要尽快转变传统角色，用规范的管理和高质量的服务影响学生，构建民主平等的师生关系，确立学生在教育和管理工作中的主体地位，逐步把学校教育管理工作重心向学生主体转移。要将教育、管理和服务功能相统一，强化服务理念，突出服务功能，更加自觉、主动、积极地为学生服务。针对新形势、新问题，研究制定一系列具有时代感，突出针对性、可操作性的新的规章制度，不断提高学生工作的科学化、制度化、规范化水平。二要注重教育内容的创新。学生工作是做人的工作，学生教育工作内容必须随着学生的思想变化而调整。对目前的大学生来说，他们已不再满足于传统的理念和模式，在实际教育中有时难以取得好的效果。可以借助易被学生接受的具有时代感的文化思想打动学生，但必须坚定不移地坚持弘扬主旋律，实现以科学的理论武装人，以正确的舆论引导人，以高尚的情操塑造人，以优秀的作品鼓舞人。三要不断探索教育方法的创新。要讲究工作方式方法的艺术性。必须树立"以人为本，学生至上"的观念。开展广泛的调查研究，切实解决学生中存在的苗头性、倾向性问题，并以自身的实际行动做良好校风的建设者、维护者。把解放思想认识问题与解决实际问题相结合。充分运用现代化的传播手段，达到应变及时、有效控制思想舆论阵地的目的。增强学生工作的吸引力、影响力、渗透力，及时调整工作角度、转变思维方式，增强学生工作的针对性、实效性。要创造良好的育人环境，营造积极健康向上的校园文化氛围，陶冶学生热爱集体、刻苦学习、团结互助、文明健康的情操，激发其爱国主义和献身社会主义事业的热情。要发挥学生团体和学生骨干的辐射作用，使之成为学生教育管理工作的重要载体。

最后，要具备强烈的信息意识。高校学生工作者只有具备了强烈的信息意识，才能学会和善于收集信息和运用现代化的网络技术获取所需信息，根据信息判断、推理、筛选出有价值的信息，再对信息进行检索、分析、利用，从而为学生工作的决策提供依据。学生工作干部在提高自己的同时，要注意培养大学生开发信息、储存信息、处理信息和转化信息的能力。要认识到教学与教育过程就是一个双向信息交流的过程。正确认识和处理这种双向信息交流，并使信息交流渠道通畅，是完成教学、教育、管理任务和提高质量的重要条件。因此必须加大信息应用力度，把学生思想教育工作的领地推向网络前沿，将网络的宣传、教育功能有效地引入思想教育和管理领域。

总之，应从全方位入手，提高学生管理工作者的素质和水平。应健全学生工作者队伍培养机制，定期进行专业培训，给他们创造学习提高的机会，自觉把学生管理创新理念与学生管理工作实践相结合；从人员结构、职称待遇等方面入手，改善队伍结构，提高相关待遇，让学生工作人员把学生管理工作作为自己潜心研究的专业、立志从事的职业和乐于奉献的事业；健全考核、评估、激励、反馈机制，坚持实事求是、公正全面的考核原则，努力激发学生工作者队伍的积极性，增强他们的事业心和责任感。

（三）创新学生管理工作的方法

在全球化的背景下，传统的学生管理方法面临着严峻的挑战。随着学科的建设和发展，学生管理也应当形成自身科学的、实效的方法论。进行方法论的研究和创新已成为学科创新的当务之急。

目前我国高校学生管理队伍中普遍存在着工作观念滞后、思路滞后、方法滞后、手段滞后等问题，跟不上时代发展的需要。学生工作人员要善于运用现代管理方法和信息手段，创造适合学生发展规律的、切合学生身心特点的工作方法，使学生工作更富感染力和实效性；要经常深入学生的学习和生活之中，重点关注学生中的特殊群体，使学生工作更富有说服力和艺术性；要深入挖掘和树立青年学生中的先进典型，树立可亲、可信、可学的道德榜样，使学生工作更富有吸引力和生动性；要定期进行学生状况的调查分析，为政策制定和方法研究提供可靠依据和参考资料，及时总结新做法，推广新经验，使学生工作更富有影响力和创新性。

我国高等教育逐步步入国际化轨道，这就必将要求我国高等教育要按照国际化的标准去衡量办学水平，所培养的人才规格也必将向国际标准转变；信息化、网络化的加速，使西方文化大量涌入，不同程度地冲击着当代大学生的思想灵魂；高校扩招，学生人数激增，质量出现了不同程度的滑坡现象；高校体制改革，就业方式转换，学生的就业压力加大；高校后勤社会化的步伐加快，传统的学生管理模式已不适应新形势的发展等等。所有这些新情况、新问题都迫切要求高校学生工作要转换观念，探索新的工作机制，运用现代教育手段，进行全面创新。而思想是先导，要创新必先更新观念，转换脑筋，从传统的工作思维方式中解放出来，从不合时宜的教育观念中解放出来，从不切实际的"高、空、虚"的工作理念中解放出来。

首先，应借鉴相关学科的知识和经验，拓宽学生管理工作的研究视野。在继承党的思想政治工作优良传统的基础上，借鉴和吸收相关学科的研究成果和方法，是拓宽研究视野，深化理论认识，从而不断开创新形势下学生管理工作新局面的途径之一。比如，教育心理学理论在大学生管理中的运用：运用个性理论以提高学生管理的针对性；运用气质理论以增强学生管理的预见性；运用性格理论以增强学生管理的科学性；运用需要理论以增强学生管理的激励性和实效性。除此以外，还可以从社会学、伦理学、经济学、管理学等学科出发，从不同侧面对学生管理的意蕴进行剖析，深化对学生管理本质的认识。更值得关注的是目前学生管理研究已不局限于社会科学的借鉴，而开始关注自然科学系统论或生态学视野下的学生管理，尽管这一探索还有待一定时日的实践来检验，但这种理论探索的精神还是值得我们拥有的。

其次，应注重以实证研究的方法检验学生管理理论的科学性。传统的学生管理研究方法主要是采用以思辨为基础的理论研究和逻辑研究。广泛地使用实证研究方法是对学生管理研究有益的补充。实证研究就是根据现有的材料进行统计、分析、实验，通过量化的、精确的测试得出结论，其中包括编制调查问卷、量化模型数量分析、矩阵概率数学方法等等，以此客观真实地了解和反映大学生的思想现状与特点，坚持定性与定量方法相结合，真正实现学生管理决策的科学化。比如，共青团中央学校部与中国青少年研究中心于 2004 年 10 月至 12 月在北京、上海、福建、湖南、辽宁和陕西等 6 省（市）20 所高校联合开展的相关调查，全面分析了当代大学生管理的现状、特点、影响因素及发展趋势，并对新时代大学生管理工作提出了具体的对策和建议。许多高校、学者也都日益重视实证方法在学生管理理论研究中的运用。

再次，"他山之石，可以攻玉"，应关注国外学生管理的新方法，通过比较研究借鉴其中有益的成分为我所用。学生管理必须与时代主题紧密结合，大胆吸收人类文明中的先进、有益成分。通过了解国外学生管理的历史、现状和发展趋势，比较、鉴别、融合，推动我国学生管理学科的发展。比如，西方学生管理理论流派大体分为三类：社会适应论、人格自律论和人格完善论，借鉴现代西方学生管理理论，我们应当将"灌输"与"渗透"并重，注重个性化与社会化教育，注重"行为养成"。美国学生管理模式具有隐蔽性、渗透性，注重道德实践，注重理论的科学性和可操作性等特点，我们可借鉴其中的合理成分，可以为我们改革和创新学生管理工作提供新的思路和视角。

第二章　新时代高校学生管理模式的探索与创新

第一节　高校学生管理模式的反思与创新

一、我国传统高校管理模式的反思

总体而言，自中国有高等教育以来，传统的高校学生管理模式就是典型的行政型管理模式。不管是清末的京师大学堂，还是民国的各类高等院校概莫能外。特别是新中国成立后，国家对教育实行高度集中统一的计划管理，教育计划与国民经济建设计划紧密相连；学生就学全部免费，工作由国家包分配；高校学生工作的通常做法就是从学校的条条框框出发，要求学生去适应各种各样的规章制度和教育管理方式，各项计划和管理比较容易脱离学生实际。

所谓行政型管理模式是利用行政方法进行管理的一种模式，它强调按照权威性的法律法规和既定的规范程序实行管理。这种管理模式具有集中统一、有章可循的特点，可以避免各行其是、任意行事，在我国教育发展史上起过非常积极的作用。但其在具体的管理过程中也逐渐产生了一些不容忽视的问题，主要表现为以下几个方面：

（一）高校与学生之间的关系定位为特别权力关系，在这种管理和服从关系模式下，学生成为师生关系中被动接受知识传授和管理的一方

在计划经济体制之下，学校是直接依据国家计划来办学的，学生从踏进大学校门起就被限定在一个严格的专业之中，直至毕业国家分配工作。除了按部就班地掌握本专业已经为他设定好的学习内容外，很少有机会按照个人的意愿和特点去自主学习，选择职业、工作地点等。

（二）过于强调外在规范管制，对学生自我约束的引导不足

目前，多数大学的校、院（系）、班三级学生管理的工作重心是用严格的校纪校规来规范、约束学生的行为。以一种管束学生的强制性态度和检查、监督的方式对待学生，而忽略了启发、引导学生的自我管理意识和自我约束能力。在这种管理方式下，学生缺乏参与管理的积极性和自我管理的主动性，那些外在的各种社会规范，不仅很难内化为他们的自觉要求，而且容易引发学生与管理者的冲突，影响师生关系的和谐，并使管理工作的效率大打折扣。

（三）重管理，轻服务

不可否认，一直以来，我们在高校管理的实践工作中都强调高校学生管理包括规范（管理）学生和服务学生两大方面。但是在具体操作上，我们更多的时候却仅仅是强调了管理，管住学生成了学生工作的原则，而为学生做好服务往往流于形式或不尽如人意。

（四）传统的能力评价观束缚了学生的自我发展

传统的学生管理体现出要求整齐划一、大一统的思想倾向。对学生的评价、鉴定、奖励、就业推荐等一般是从相对固定的几个大的方面，以学生平均状况为基准，把每个学生的相对成绩表现划分等级。这种评价会给学生这样一个意识：考试分数高的同学就是能力强的学生，考试分数高就会有好前途和更多的发展机会。这种重统一、轻个性的模式化管理目标显然不利于学生主体结构的充分发展。

（五）学生管理法治化程度较低

近年来，尽管依法治校、学生管理法制化的观念已经深入人心，社会各方面对依法治校、学生管理法制化已经多有论述，国内教育学、社会学、法学等各学科的学者也从不同的角度和不同的深度作了许多研究，取得了一定的成果，但是，研究者的目光大多集中在如何加强制度建设、加强学生权利保护、学校管理方式和方法、各参与主体法律意识教育等方面，大多属于宏观范畴的思考，对于学生与高校间的关系属于何种法律关系、各方权利和义务内容如何以及如何才能做到学生管理法制化等基础性、结构性的问题，并没有更多的深入研究。

在传统的学生管理模式下，把所有学生当作一个整体，实行标准化、统一化管理，抹杀了学生的个性。受此影响，传统的教育模式习惯于让学生处于被动、从属地位，把学生仅仅当作受教育者，这显然不利于"创新人才"

的培养。在传统的学生管理模式下，学生的教育培养呈现出以下特点：第一，重知识轻能力。传统教育模式忽视学生能力的培养，对学生的教育评价缺乏科学性，使"分数"成为衡量学生的根本标准，造成了"高分低能"现象的出现。第二，重智育轻德育。传统教育模式过分地把学生的智力发展放在优先位置，甚至不惜降低对学生其他方面发展的要求，导致学生的发展不均衡、不全面。第三，重共性轻个性。传统教育模式对学生实行"规模化""批量化"培养，使许多学生的学习潜力得不到深入挖掘，同时又使许多学生受到强制性淘汰，得不到最适合自身的教育。第四，重过程轻结果。传统教育对同一年龄段的学生实行统一入学、统一毕业的"工厂化"教育模式，过分注重程序与步骤的统一，忽视了学生个体差异对学习成绩和教育效果的影响，不能做到因材施教、因类施教。第五，重灌输轻引导。传统学生观认为教师和学生之间是管理者与被管理者的关系，学生被要求无条件地接受学校的教育管理，学生的学习自主权得不到尊重。与此同时，学校在对学生的教育管理过程中，对一些日常性的事务统得过多，但对于学习方法、学生心理、就业择业观念等却缺乏必要的引导。

二、新时代高校学生管理模式的探索与创新

从建国初期到 1988 年，中国高等教育一直都是"免费的午餐"。1989 年以后，国家开始对高等教育实行收费，虽然只是象征性地每年收取 200 元，却是高等教育收费改革迈出的第一步；至 1996 年，中国高等教育试行并轨招生，每年学费达到 2000 元；1997 年以后，高校学费一路攀升至 3000 元、6000 元甚至上万元。高等教育收费改革踏踏实实地走完了三部曲（免费、低收费、全面收费）。与此相对应，自 1997 起，实行了几十年的高校毕业生由国家按计划统一分配工作的制度取消了，数百万高校毕业生自谋职业，真正成了劳动力市场的一个组成部分。

20 世纪末、21 世纪初，全国高校扩招的结果直接导致各高校内部自有学生宿舍、教室以及其他相关教学设施甚至教学师资都不能满足学生的需要，于是，相应地出现了高校后勤服务社会化、教师聘用契约化等完全市场化的教学管理行为，学校与学生之间的关系更是不同于传统的关系。

学生上学交费、毕业自谋职业、民间资本兴办高等学校谋利等等，预示着中国高等教育已经走向市场化、产业化，大学生从一个高等教育的无偿受益者转化为高等教育的消费者，其角色转化自然导致高校学生与高校之间社会关系内容的变化，必然导致高校管理模式、管理理念的变化。而这种变化是应该遵循市场规律，适用市场规则的。

（一）大类招生背景下高校学生管理模式的探索

当前，许多高校在本科教育中采用了按大类招生的培养模式，即在高考录取时不分专业，按大类进行招生，学生进校后经过一定时间的基础课程学习后，再根据自身条件和社会需求选择专业。这样可以使专业选择更贴近学生志愿，更能反映社会需求趋向。由于这种模式与目前高校实行的学分制改革紧密联系，在人才培养上具有一定的灵活性，符合当今高等教育教学改革的大趋势，因而被越来越多的高校所采用。

以往我们设置的专业划分过细、口径过窄、针对性过强，培养的学生思维较古板，创新性不足，已经难以适应现代社会大环境的要求。按大类招生及培养，能有效地在学校内部利用多学科的优势，克服原有院、系的框架，打通相邻专业的基础课程，实现多专业的有机组合。同时可以有效地使专业向复合型转化，进一步促进和加强新专业的建设，在学科或学科群的范畴里，对学生进行更全面的教育培养，以顺应科学技术发展综合化的趋势。

但是，这种大类招生模式和高校普遍采用的学分制，给高校学生管理提出了新的要求和新挑战。

当前高校学生管理模式主要有以下几种：

一是传统班级管理制。这是在学年制下最为基础的学生管理模式。由于学生在进入大学时便组成传统的班级，同学间通过互相帮助，相互了解，建立了深厚的友谊，班集体有着较强的集体凝聚力。在这种模式的班级中，学生有较强的集体归属感和集体荣誉感，而班主任（政治辅导员）是学生进入大学后接触的第一个导师，因经常与本班的同学进行交流，较易取得学生的信任，可以在学生心目中培养较高的威望，能较好地开展工作。虽然传统的班级管理制有以上优点，但在大类招生体制下也有自身的不足，如分专业后，传统班级中的同学分属于不同的专业，主修的课程可能大相径庭，上课的时间与地点也都不一致，这就给班主任有效地管理学生带来了很大的困难。同时，由于同寝室各同学的专业也可能不同，当学习遇到困难时，较难就近找到同学进行交流帮助，而班主任由于自身知识结构上的缺陷，很难对班级中各个专业的学生进行专业课程的指导。

二是专业班级管理制。所谓专业班级管理制，就是在学生分专业后（一般在大二），取消原有的班级设置，将同专业的学生编制成相应的班级进行管理的体系。由于班级中所有的同学都属于相同的专业，因而大多数同学上课的时间、地点较为一致，方便班主任对每个学生进行有效的管理，同时还弥补了传统班级管理制中同学间学习交流不够与老师不能有效地指导学生学习的弊病。但是，由于专业班级是在进大学后经过一段时间的学习后再建立的，专业班级管理制也有自身的缺陷,学生在原来的班级中都已经有了自己的社交圈,而这些社交圈通常具有很大的惯性,这样就造成学生很难融入到新建立的班级中去。因而,新的专业班级往往缺少班级凝聚力,班级的概念十分淡化,很难开展集体活动。同时由于班主任也是在建立专业班级时指定的,相对来说沟通起来比较困难,很难与班级学生交心,班级的日常管理活动也比较难开展。这样一来,专业班级往往很难成为一个真正的集体,在学生学习交流、互相帮助等方面效果不够理想。

三是导师管理制。导师管理制是 15 世纪初期由英国牛津大学的威廉首创的,其后在剑桥、哈佛等大学相继被采用。即每位学生都有一位自己专业方向的导师进行指导,学生每周要与导师见面若干次,导师在学生的专业领域内对学生进行指导帮助,培养学生掌握适应学科的学习研究方法。通过这种面对面的指导,学生可以学会读书和做学问的基本方法,养成独立思考的习惯,并将某些有价值的想法向前推进一步。同时导师也会关心学生的日常生活,提供必要的帮助。在导师管理制中,对导师有着较高的要求,不仅要求导师具有渊博的学识,同时也要求导师具有热爱学生、诲人不倦的育人态度,能够对学生因材施教。因此对导师的选拔是导师制的关键,因为导师素质的高低直接影响被指导学生的培养结果。同时导师制中,导师指导学生的数量要严格进行控制,一般应控制在 4~6 人。由于导师个人精力有限,指导过多的学生势必造成导师制的效果大打折扣,失去导师制应有的优势。因而在普通高校全面实施导师管理制还有很大的困难,原因在于导师管理制中对导师有很高的要求,在一个专业中符合导师条件的教师不多,无法满足众多学生的需要。同时这些优秀教师往往又要从事科研、教学管理等多方面的工作,很难抽出大量的时间来对学生进行指导。

四是辅导员制与学长制。高校辅导员主要是对学生的思想进行辅导和指引,使学生树立正确的世界观、人生观。一般来说辅导员既管思想政治工作,也进行一定的专业指导,但偏重于思想政治工作。他与班主任、导师是有所区别的,可以说辅导员制是对学生思想工作的一种有效的补充。学长制则是一种在国际上普遍推行的一种学生自主管理模式。通过高年级的学生以平等、博爱的精神和自己在专业学科学习中的切身体会、亲身经验与新生进行交流,实现良性的互动。一方面可以有效地减少学生的逆反心理,通过高年级学生与低年级学生平等的交流,实现从学习、思想、生活等多方面的“柔性管理”;另一方面,高年级学生在对低年级学生进行管理的同时也开阔了视野,锻炼了工作能力,增强了团队意识和责任心,高年级学生也有很大的收获。学长制这一学生自主管理模式对于加强学生的社会活动能力,弥补辅导员制中所出现的种种不足，具有十分重要的现实意义。

五是复合型管理模式。单单使用以往任何一种学生管理制度已经无法适应时代的要求。有学者认为，采用复合型管理模式可以较好地适应现今高校对学生管理的要求。这种复合型管理模式是以传统班级管理制为基础，采用辅导员制与学长制为补充，同时在不同的阶段适时地辅以导师制，来强化对学生的管理。采用这种复合型管理模式，可以发挥各种制度在管理学生方面的优点，同时，尽可能有效地利用教学资源，实现教学资源效用的最大化。

复合型管理模式的三个主要阶段：

第一阶段：专业基础课程教育阶段——传统班级管理制。

这一阶段在学制上一般是大一学年和大二上学期。由于在高等教育以前的教学阶段实施的都是传统班级管理制度，所以这种制度比较容易被学生适应与接受。同时由于从大一开始班主任与学生就朝夕相处，易于培养教师与学生之间、学生与学生之间牢固的感情，整个班级有较强的集体凝聚力，便于班主任在班级中有效地开展工作。由于这一阶段一般学习的是公共基础课和专业基础课，具有很大的共通性，无论是班主任对班级学生的学习指导还是学生之间的交流都变得十分充分和方便。

第二阶段：专业核心课程教育阶段——量力而行辅以导师制和强化学长制。

这一阶段在学制上一般是大二下学期到大三上学期。这一阶段主要学习专业核心课程，学生在学习专业核心课程中往往会遇到较大的困难，班主任可能只有能力指导和自己相同专业方向的学生，而对选择其他专业方向的学生的学习指导力不从心。针对这一阶段学生学习的特点，如果学校有充足的师资力量，可以考虑从大三开始就辅以导师制，有利于提高学生对专业课的学习，使学生能更好地达到学校制定的培养要求；如果学校没有充足的师资力量，那么就要依靠积极推进学长制来弥补，所以在这一阶段选拔一批品学兼优的高年级学生作为学长，充分发挥学长制在专业课程学习中的优点就显得十分有必要。

第三阶段：实践能力培养阶段——导师制。

这一阶段在学制上一般是大三下学期和大四学年。这一阶段是大学教育中比较关键的阶段，是培养学生的实践能力、综合运用知识能力的关键时期。这时需要教师花大量的精力对学生的实践环节进行指导，而这时班主任显然没有精力对每个学生进行详细的指导。所以，有必要在这一阶段为每一位学生配备专业导师，同时导师也将作为学生毕业设计的指导教师。但这里的导师制与传统的导师制有一定的区别，他们只负责对学生进行专业学科的指导，而日常的教学管理工作还是由班主任来完成，这就减轻了导师在工作中的压力，保证导师有充分的精力给予学生必要的指导，充分利用导师对学生指导细致入微的特点，有效地强化实践教学的效果。

通过对以上几种管理模式的比较，不难发现第五种模式是最为科学合理的，它博采了前四种模式的长处，又避免了它们的不足，既可以解决部分学校师生比与实施导师制之间的矛盾，又使得优秀教师在高质量完成教学工作的同时有精力从事教学管理、科研、社会服务等多方面的工作。

此外，在当前高校体制改革的新形势下，把ISO9000标准导入到高校学生工作评价中，是高校学生管理制度科学化、规范化的迫切需要。ISO标准是国际标准化组织（ISO）颁布的质量管理体系标准，它适合世界各类组织。贯彻ISO9000标准，是通过控制组织的工作过程来保证组织的产品及服务对象符合法律法规和管理、技术规范等要求。高校学生工作组织是一个组织，其管理及服务对象是学生，其对学生的管理也是一个动态的过程管理。也就是说，高校学生管理工作是有组织、有对象、有过程的管理，因而适合ISO9000标准体系。在当前高校内部教育体制改革的新形势下，把ISO9000标准导入到高校学生工作评价中，一方面，首先应确立高校学生工作的质量方针，确立学生工作目标，然后再把目标转化成易于测评的指标体系。高校学生工作可被分解成五个方面的"一级质量目标"：学生思想道德建设、学风建设、组织建设、纪律建设、后勤建设。以上五个方面可细化为若干个子项，例如：组织建设可被分解为党组织建设、团组织建设等四个子项，各个子项可再细分为若干个目标指向，最后若干个目标指向再被分解为若干个点。高校学生工作组织以完成子目标的点数来作为考评其学生工作成绩的依据。另一方面，对高校学生工作的认证，不是给学生工作组织本身认证，也不是给学生工作组织的上级组织认证，而是由隶属于国家质量认证中心的第三方权威评审中介机构来认证。高校学生工作与第三方评审机构的有机融合，可以有效地防止高校学生工作的盲目性和随意性，最重要的是这一改革引入了外审机制，由社会中介机构来评价高校学生工作业绩。中介机构不是学生工作组织本身，也不是学生工作组织的上级组织，他们以事实为基础，将高校学生工作作为审核对象进行评价、监督，有其客观性和公正性，能有效地推进高校学生管理工作的开展。

（二）美国高校学生管理体制对我们的启示

美国高校学生管理体制与我们不同。在我国的高校，学生工作的重心在院系，各院系都有分管学生工作的党总支副书记和副院长，下设年级政治辅导员，我们是以班、年级为单位管理学生。而在美国，学生工作的重心在宿舍部，宿舍部配有正副部长及部长助理若干名，宿舍部下面是学生宿舍，每个宿舍都配备专职管理员，他们是以学生宿舍为单位管理学生。

学分制是促使美国高校将学生工作基地放在宿舍的最主要原因，美国各高校实行的是完全的学分制，学生进校不分班、年级，在开始一二年中也没有专业和系的概念，集体宿舍是学生相对稳定的地方，故他们以宿舍为单位管理学生是合理的。我们的管理体制是块状的，每个学院就是一个块，这个块中五脏俱全：有教学科研，有学生管理，有党政工团工作等。美国高校的管理体制是条状的，各项工作细化成不同的条，教学科研这一线条在系里，学生生活这一线条在宿舍部。教育管理体制上的差异决定我们学生工作的主要基地在学院里，在班和年级，而美国学生工作的主要基地在学生宿舍。

不难发现，中美两国存在一个共识，即开展学生工作必须要有一个抓手，这种抓手或形式就是集体。我们主要是抓学院这个集体，班和年级这个集体；他们是抓宿舍这个集体，抓宿舍的每个层，每个寝室。

美国高校的学生管理体制，即以宿舍为单位管理学生的方式是值得我们借鉴的。这有双重原因。其一，随着教育改革的不断深入，我们在许多地方将和国际接轨，比如学分制的推广，到那时，班级和年级的概念没有了，系和专业的概念也将被打破，学生工作的重心有可能向学生宿舍转移。其二，宿舍实际上是学生课堂的延续，或称第二课堂。从时间上来说，学生待在宿舍里的时间一般要长于在课堂的时间；从空间来说，宿舍不仅是学生生活和休息的场所，也是他们学习的园地，信息获取的窗口，思想交流的渠道，娱乐的天地。学生人生价值观的形成和变化在很大程度上受宿舍氛围的影响，学生中的事端也往往发生在这里。故学生宿舍是思想政治工作的一个相当重要的阵地，即使不实行学分制，我们也应该很好地去占领。

美国高校学生管理注重制度化、规范化、科学化。制度化主要表现在规章制度的严格健全上，仅宿舍管理就有如下制度：饮酒制度。美国各州法律都规定，21 岁以下者，在公共场所不得饮酒。在学生宿舍也有相同的规定，若学生违反这个规定，第一次被发现要参加由宿舍部举办的 3 小时学习班，再次发生则要参加义务劳动或搬出校园，屡教不改或饮酒肇事者则开除出校。安静时间制度。为确保大家的学习和休息，美国一般规定平时每天晚上 10：00 到第二天上午 10：00，周末晚上 12：00 到第二天中午 12：00 为宿舍的安静时间，在这段时间，寝室里的电视机和音响不能开得过响，在走廊上不得跑步，只能轻轻地走路，不准在走廊和卫生间高声谈笑。考试期间，安静时间每天为 24 小时。如有人违反上述规定，学生管理员和学生会的干部，乃至其他学生都会出来干涉、做工作。会客制度。每天早上 9：00 前及晚上 10：

00 后不得会客，其余时间可会客，但要登记。客人留宿制度。平时寝室里不准留宿客人，周末可以，但留宿时间不得超过 3 天。清洁制度。他们给每个学生寝室发一个塑料桶，内放编有寝室号码（以防乱扔）的塑料袋存放生活垃圾，装满了由学生本人扎紧袋口扔到楼外的垃圾箱内；他们还规定，走廊上、卫生间等公共场所不得乱扔果皮、纸屑、废纸，易拉罐、塑料盒等必须分类放在指定的地点以便回收。若发现有人乱丢乱扔，则让其自己打扫。厨房也是这样，用毕必须清扫干净。对严重违反清洁制度及不听劝告者则处以罚款。吸烟制度。每个宿舍都有一些允许吸烟的房间，在其他房间和公共场所不得吸烟。关于家具及使用电器的规定。寝室内家具不得搬离或移动位置。寝室内只可以使用电视机、录音机、咖啡壶、小型微波炉以及 5.4 立方米的电冰箱，如果使用其他电器则一律没收。四禁制度。严禁赌博、吸毒，严禁将动物和枪支弹药带进学生宿舍。安全撤离制度。为保证人身安全，各宿舍都装有火警报警器，若听到报警声，不管在白天还是深夜，全楼人员必须迅速撤离大楼，对滞留者处以重金罚款。如果听到龙卷风等预报，也必须迅速撤离房间到地下室躲避。赔偿制度。宿舍大门钥匙或厨房钥匙丢了要罚款，损坏公物要照价赔偿。

在我们中国，高校学生管理方面也有制度化的特点，我们的规章制度绝不少于美国，也以学生宿舍为例，我们有会客制、熄灯制、清洁卫生制、家具电器使用制、赔偿制等。在建立规章制度方面双方有许多共同点。首先是认识上的一致，大家都认为对学生的教育，除了做说服工作外，还必须建立一套必要的规章制度（即教育和管理相结合），前者带有自觉性，后者带有强制性，两者是相辅相成、缺一不可的。特别过集体生活，规章制度显得尤为重要，集体宿舍的规章制度可保证学生有一个良好的、有序的学习生活环境，能使多数人的利益得到维护，能使学生养成良好的行为规范。

美国高校学生管理方式的规范化是指管理工作具有固定的格式和程序，体现出正规、到位、完善的特点。对专职管理人员和学生管理人员的培训就是一个很突出的例子。他们的培训有夏季集中培训和日常分散培训两种。夏季培训一般在每年的 8 月份（暑期）举行，要持续整整一个月。培训分为三个阶段。第一个阶段：新上岗专职人员务虚。第二阶段：对新老专职人员共同培训。第三阶段：专职管理员和学生管理员一起培训。平时训练主要是针对新上岗人员进行的。新上岗专职人员通过暑期培训后获得上岗的资格，上岗后的第一年中他们每周还要接受一次培训。新上岗的学生管理员则一定要学一门与本身工作有关的心理学课。

美国高校学生管理方式的科学化是指广泛地应用计算机。他们干任何工作都借助于电脑，如学生宿舍的分配就如此。新生在进校前必须填写住宿申请单，写明希望住哪栋学生宿舍；对室友有什么要求；自己的生活习惯如何；本人是否吸烟，是否介意别人吸烟；是否愿意住在语言区。一般可以填报三个志愿。宿舍部将申请单收齐后输入计算机，再将分配结果反馈给学生。故新生在入学前就知道自己将住在什么寝室，并知道室友的名字及电话。

在管理的规范化和科学化方面我们与美国相比有一定的距离。在规范化方面，我们的管理项目不比美国少，主要问题是不够到位。在管理的科学化方面，我们的手段也没有美国先进。

第二节 新时代高校学生管理模式创新的基本原则

一、以学生为中心，一切为了学生的原则

（一）学生是高校学生管理体制中的重要主体，而非被动地客体

学生作为高校管理体制中的重要主体，既是学生管理工作的对象，又是高校学生管理工作的核心所在，因此要树立学生中心论的思想，整个学生工作都要围绕学生来进行。要尊重每个学生，客观公正地评价学生，正确地看待差异，因材施教；既要一分为二地看，但更要看到学生身上的闪光点，给学生以自尊，给学生以自信，给学生以希望的曙光。学生管理工作者要与学生真诚互动，要成为与学生建立积极友谊的人。学生管理工作者的角色是辅导者及协助者，学生管理工作者在学习情境中安排适合学习的气氛，以引导学生愉快接受。学生管理工作者个人的人格特质中，亲切与热心是较受学生喜爱的。学生即是朋友，尊重学生自身的价值，相信学生的行为是内发的，相信每个学生都有自我发展和自我实现的潜能，相信每个学生都有适当处理自身问题的能力，努力建立情感型的师生关系，这将极大地促进学生管理工作的开展。

高校学生管理工作都需要依靠一整套规章制度来保证实施，规章制度一旦制定就应该全面执行。学生管理工作坚持以人为本的观念，就必须在制度设计初始贯彻人本化理念。随着我国社会经济文化的发展和教育体制改革的深入，我国原有的高校学生管理规定根据现实需要也做出了相应的修改和完善。教育部 2005 年 9 月 1 日颁布施行的《普通高等学校学生管理规定》对原有的学生管理规定作了重大修改，突出地体现了以学生为本的思想。因此，高校学生规章制度设计也应顺乎学生身心发展规律。

手段和方法是制度的操作层面，好的制度还要靠良好的手段和方法执行，方能发挥出好的效果。学生管理手段有教育手段、激励手段和行政处分手段，管理手段选择以人为本，那么教育手段和激励手段是我们主要的管理方式，而处分手段则是前面两者的补充。

学生管理活动实际上是一个过程，人性化更多的是体现在管理过程中。在管理过程中，管理者与被管理者要有平等的交流沟通的渠道，保证给学生一个充分说话的权利，这是人性化的重要体现。在重大管理决定之前，要建立学生参与制度，尤其是重大处分之前，一定要为学生提供申诉的机会，这是一项重要的民主权利。在管理中一定要坚持公开、公正和公平，凡与学生相关的规章制度都要让学生知晓，凡与学生利益相关的事项都要实行公示制度。同时还要注意，在具体执行规定的过程中，也应处处体现以学生为本的理念，注意保护学生的自尊、隐私等等。

在学生管理工作中，学生的主体地位应当得到充分的尊重。不应简单地把教育活动当作学生消极被动接受的过程，而应使学生积极主动地获取。在这一过程中，学生的主观能动性应得到最大限度的发挥。还应尊重学生的个性。学生之间是存在个体差异的，应当赋予学生更多的学习自主权，如选择专业的自由，选择教师的自由，选择学习方式的自由，选择毕业年限的自由等等，为学生选择最适合自己的教育方式，充分发挥特长、张扬个性创造条件。高等教育的目的是培养德、智、体、美、劳等全面发展，具有创新精神和实践能力的社会主义事业建设者。因此，在高等教育过程中，要逐步改变以考试分数为唯一评价标准的做法，积极培养学生成为专业基础厚、实践能力强、人格健全、品德高尚的合格人才。

（二）全方位贯彻以学生为本的管理原则

首先，积极实施全过程育人、全员育人模式。随着市场经济体制的建立和完善，我国的高等教育呈现出利益主体多元化，行为主体个别化的趋势，个人将获得更大限度的独立性和自主性，能够在更大的范围内选择个人的发展方向和途径。再加上高等教育作为非义务教育，实行教育成本分摊，学习者必须交费上学，这就使学校在市场上处于卖方地位，而学生处于买方地位，学校是教育产品的"提供者"，而学生是"消费者"。市场经济体制的建立改变了高等学校中学生所处的地位，这就为确立学生的主体地位，给学生以学习的自主性与独立性，为确立以学生为中心的观念奠定了体制性基础。以学生为本，以学生为核心主体的教育理念，是把学生当作高等教育的消费者，把高等学校看成是为学生发展提供教育服务的机构的理念。这就要求学生教育在一定意义上把学生当作进入学校的消费者，是买方，而学校则是为他们提供服务的卖方。这里所说的全员育人模式有两层含义：第一是指对学生的教育要动员全社会力量的积极参与，学校教育要与家庭教育、社会教育有机结合起来，使之形成一个有机整体，共同发挥作用。第二是指在学校内部要实现包括教师、学校管理者、后勤服务人员在内的全体教职员工积极参与的全员育人模式。要在校园内积极倡导并逐步形成"教书育人、管理育人、服务育人"，积极实践"全过程育人"。

其次，相信学生，实践学生的"自我管理"，依靠学生来推动高校学生管理工作。在传统教育体制中，学生在整个教育活动中处于被动遵从的地位。但是市场经济发展到今天，高校办学已经市场化，学校在市场处于卖方地位，而学生处于买方地位。学校是教育产品的提供者，而学生是消费者。对学校办学好坏最有发言权的应该是消费者，他们有自主选择产品的权利。如何提高自己的产品质量，最大限度地满足消费者的需求，在教育市场上立于不败之地，这是摆在高等学校面前紧迫而艰巨的任务，也是其应尽的义务。

一方面，高等学校要认识到自己的存在离不开学生，没有学生也就没有学校，学生无论在数量上还是重要性上都是学校的主体。另一方面，"育人"是高等学校教育的宗旨，大学生还需要教育和引导，外因必须通过内因才能发挥作用。学生工作者应努力引导学生从认识自身素质和个性特点出发，依据自己的长处和弱点，对照群体范围的尺度，进行整合和扬抑，力求在适应社会需求中弘扬自我，展示个性。从这一层面上说，大学生又是教育和管理的客体。两者是辩证统一的关系。所以，学生管理工作"以学生为中心"，一方面，要让学生成为管理的主体，从管理的决策、组织实施到目标实现，都要依靠学生，让学生充分参与进去。另一方面，要发挥管理的"育人"功能，本着管理就是服务的思想，开展的一切管理活动都是为了服务于学生的成才而进行。因此，学生工作者应尊重学生的合理要求，关心学生的成长需要，认真听取学生的意见，努力改正管理工作中存在的问题。

学生是教育活动的主体，他们自主学习的权利应当得到充分尊重和维护，他们作为教育活动主体的主观能动性应当得到充分发挥，他们的个性应当得到充分张扬，他们的学习潜力、潜质应当得到充分挖掘。积极实践学生的"自我管理、自我教育、自我服务"，不断培养、提高学生独立思考问题、分析问题、解决问题的能力。学生的"自我管理"实质上是一种民主的、开放的、人性化的管理，它更加有利于实现学生成才的目标。

再次，围绕学生如何成才建立新的教育质量评估体系，以高校管理和服务是否满足学生的合理需要、学生能否在高校的服务中获得个性发展、学生能否获得充分发展的机会作为这一体系优劣的标准。

接受高等教育是学生自主的消费选择，而每个学生参与消费的目的和要求有可能是不相同的、是多元化的，那么，传统的以学生平均状况为基准，把每个学生按学习成绩相对表现划分为一二三等的单一质量评价体系就是缺乏针对性和不合时宜的。学生既然是高等教育的核心主体，一切有关高等教育的质量评价就应该以学生的选择是否获得应有的尊重、学生的消费需求是否得到满足作为标准。

二、尊重学生的自我实现原则

（一）满足学生不同层次的需求，促进学生全面健康发展

人本主义从根本上讲就是以人为本，而人本主义教育基于对人的"终极意义"的追求，对人的价值的关怀和自我理解的关心，它强调人的情感、审美和对无限与永恒的体验。注重学生的内心世界、主观世界的发展变化，深入挖掘主体的内在需要、情感、动机和主观愿望，从满足主体生存需要的角度来开发其学习的潜力。

学生的需要是多方位的，但传统教育尤其是我国的应试教育过分看重学生的学习成绩。这种学习几乎总是读、写、算的基本技能训练，而学生内心的感受、态度和表达能力、审美能力以及处理人际关系的能力几乎很少涉及。人的发展的本质，是内在潜能在后天环境中的充分"实现自我"或"自我实现"，是人类与生俱来的动力，并且是在个体成长过程中通过不断地与其所处的环境相互作用而逐渐形成的。一旦形成了"自我"，就意味着他将自己与所处的环境分离开来。由于在这一过程中始终伴随着外界的各种评价，包括积极的和消极的评价，所以，整个世界或社会就对这个人的成长产生了极大的影响。

学生是一个个独立自主的个体，学生的发展、成长应与他自己相比较，看自己是否比以前有进步。学生管理者在考虑到学生个体差异的同时，应依据一定的标准，给学生一个客观公正的评价，使学生正确地认识到自己的学习怎样，有没有达到自己预定的目标，今后应怎样努力，并掌握正确的自我评价方法，提高学习的自觉性，成为学习的主人。同时，教育目标既包括知识和认识能力的发展，也包括情感的发展，它是对整个人的教育。因此，学生管理者对有人格缺陷的学生进行教育时要注意情理结合，首先要分析导致其人格缺陷的原因，对症下药，制订教育策略；其次要耐心细致地做思想工作，动之以情，晓之以理，听其言，观其行，逐步培养学生健全的人格。

面对当代社会的迅速发展，教育的目标应该是促进学生的发展，包括知识和认识能力的发展，培养能够适应变化和学会学习的个性充分发展的人。随着高校学生学习环境的转变、学习媒介的进步、交流手段的变革等客观变化，应提倡以学生的自由和全面发展为教育终极目的，提倡宽松、自由的学习环境，一改传统教育只能端坐课堂，让学生倍感枯燥和乏味的状况，以激发学生的学习兴趣，提高学习效果；教会学生"如何学习"，使学生懂得利用先进的媒介获取知识，有利于学生的主动发现、主动探索，有利于学生发展联想思维和建立新旧知识之间的联系。

（二）鼓励学生参与访理工作，培养学生的自治意识和责任意识

学生作为高校管理工作的重要主体和积极参与者，其参与管理的状况如何是衡量高校管理水平的标志。尽管我国许多高校都为学生提供了诸如勤工俭学等参与学校管理的机会，但其深度和广度都很不够。

而在美国高校，学生管理在很大程度上依靠学生本身，尤其在宿舍管理方面。学生宿舍一般都设 AD（Assistant Director，主任助理）1 名，他是宿舍楼主任的助手，学生管理员的召集人。每个楼面设 RA（Resident Assistant，居民助理）2 名，RA 的职责是：对自己所在层的学生会工作进行指导；召集每两周一次的全层学生会议，每两周至少组织一次全层学生活动；督促这一层的学生遵守学校和宿舍的规章制度；进行房屋管理；受理本层学生提出的各种问题。每个宿舍还设 ARC（Academic Resource Coodinator，学习协调员）1 至 3 名，他们的任务是对学生进行学习方法的指导、学习资源的咨询，在宿舍内组织各种学术讨论活动。上述学生管理员除了完成各自分管的工作以外，都还要参加前台值班及宿舍楼内外的安全巡逻。美国各高校学生宿舍都有 AD、RA 和 ARC，而且由来已久。

这些学生管理员的选拔一般都采用公开招聘的方法，先自愿报名，后经过面试，选拔对象是二年级以上的学生（包括研究生）。条件也很严格，如当 AD 必须要有当 RA 的经历；不管当 AD、RA 还是 ARC，都有对学习成绩、表现及能力上的要求。被录用的学生管理员在经过暑期正规培训后方能上岗。

学生管理员参加宿舍的管理工作属勤工助学。他们在任职期间伙食免费，并享受免费住宿，除此以外，还可获得少量津贴。尽管当学生管理员工作很辛苦，他们是秋季最早返校和春季最迟离校的学生，且每个周末必须留在宿舍里，而得到的报酬比在别的地方打工要少，但还是有许多学生争着干，他们认为能力的培养更重要。另一层因素是：如果在校期间有过当 AD、RA 和 ARC 的经历，毕业后寻找工作也会更加容易。

美国学生参与管理的面很宽。在美国高校，除了上面讲到的学生宿舍外，其他各个部门及方方面面也都有学生参与管理，校园里到处可见学生工作的身影。如：食堂里有学生经理和学生工作人员，图书馆里有学生管理员，各办公室有学生秘书，全校所有的计算机房都是学生在担任管理员和咨询员，全校各大楼的前台接待人员大部分是学生，在校园里进行安全巡逻的大部分也是学生，包括学校商店的售货员、电话总机接线员等有不少也是学生。美国学生参与管理的程度也很深。从某种程度上讲，美国学生管理员实际上充当了管理员、顾问和教师这三重角色，他们在许多方面起了专职人员的作用。

相比之下，我国高校的大学生参与管理主要还是当参谋，起监督作用，即使直接参与管理，任务也比较单一。

我国高校要想较大范围或较深程度地组织学生参与管理尚有一些困难。一是观念上的障碍。不少管理者认为大学生参与管理从理论上来说是件好事，但在实际中不一定行得通，他们主要是担心学生的素质。建议学校的领导和各主管部门一定要克服对大学生不满意、不信任、不放心的思想，要从培养人才的高度支持学生参与管理这一新生事物，主动接纳大学生。观念的改变还包括学生本身在内。长期以来，许多学生一直存在依赖思想，在家依赖父母，在校依赖教师和管理员，缺乏自理的观念和自我管理、自我服务的思想，如果这种观念和思想不改变，对参与管理就没有积极性。二是客观条件不允许。现在不少高校教职工都处于满员或超员的状态，在这种情况下当然不会去考虑加大学生的参与程度。

当今社会竞争激烈，如果不注重大学生自治能力和责任意识的培养，那么他们走上社会时就会缺乏竞争力，同时也不能很快适应现实社会。

三、刚柔相济的管理原则

（一）刚性管理和柔性管理的特点分析

刚性管理是严格按照规章制度，并利用组织结构、责权分配来实现由支配到服从的管理。为了实施刚性管理，必须建立起一套系统、科学的管理制度，并附以严格的奖惩措施。这些规章制度在单位内部具有约束性和强制性，内部人员必须人人遵守，无论谁违反，无论什么原因违反，都无一例外地需要承担相应的责任，受到相应的处罚。刚性管理重"管"、重"权"，从而达到管理的统一性。因此，刚性管理的优点在于保证工作秩序井然，个人行为规范统一，并且有利于对敏感问题与突发事件的处理。但是，刚性管理也存在一定的弊端，它忽视了人的因素，一个单位管理的核心是人，每个人都有思想、有能力、有各种精神需求，不考虑这些特点，一味地利用权力和规章制度来约束和控制他们，将使人际关系紧张，不能很好地发挥他们的主动性和积极性，从而影响单位的发展后劲。

而柔性管理则强调"以人为中心"，依据单位的共同价值观和文化、精神氛围进行人格化管理。它是采用非强制性方式，产生一种潜在的说服力，从而把组织意志变为个人的自觉行动的管理模式。其最大的特点在于：不是依靠外力，而是依靠人性解放、权力平等、民主管理，从内心深处来激发每个人的内在潜力、主动性和创造精神，使他们能真正做到心情舒畅、不遗余力地为单位不断开拓创新，从而取得竞争优势的力量源泉。其特征主要包括：内在重于外在，心理重于物理，身教重于言教，肯定重于否定，激励重于控制，务实重于务虚。但是，柔性管理也具有一定的局限性，因为柔性管理弹性大，变动性和灵活性很大，处理得不好有可能造成混乱；另外，由于主客观条件的限制，很可能很难满足单位人员无限上升的需要，这会影响柔性管理的实施。

可见，刚性管理与柔性管理各有千秋，这就要求管理者在管理中要把二者有机地结合起来，以实现其功能的互补，发挥出最大的管理功效。

管理是要营造一种氛围，只有符合被教育者自身特点的管理模式才能最大限度地发挥被教育者的主动性和积极性，才能切实理顺管理工作中存在的各种问题。从目前高校学生的思想特征来考虑，传统的"以教师为中心"，采用"保姆式""警察式""法官式"的刚性管理方式，会使学生"自我管理、自我服务"的自立性、创新性受到严重压抑，易出现抵触或逆反心理甚至消极心理而自暴自弃。但是如果只片面地强调采取非强制性的柔性管理，管理者对学生的违法违纪行为缺乏有效的制约手段，把握不好易导致管理秩序失去控制，具有极大的风险性；同时柔性管理的实施客观上需要管理者投入大量的精力去了解、关心学生，满足学生的心理需要，营造和谐的心理氛围，从而最大限度地影响学生的思想、感情乃至行为，这在现实中较难做到。另外柔性管理追求的那种依靠师生间高层次的"情"、自觉的"意"等非理性内在力量和"校园文化场"的无形制约，以激励为动力来实现"无为而治"的境界，需要学校管理者和全体师生较持久努力地建设和积淀才能形成，管理周期长，短期内不易取得实效。

（二）营造刚柔相济的高校学生管理工作氛围

建立合理、适度的规章制度是实施"刚柔相济"管理模式的前提。通过各项规章制度的制定和实施，使用控制、监督、惩罚等强制性手段迫使学生以某种行为规范去完成学业是必要的，这是保证学生管理有章可循的基本条件，是维护校园秩序、保证教学质量等工作顺利进行的必要保障。但是规章制度的管理并不是万能的，控制和惩罚并不能使学生自觉和自愿朝着学校的目标前进，所以在规章制度的制定和实施上应该是柔性的。在规章制度的制定上，既要体现出对人的要求，又要尊重人和信任人，将管理制度提升到人性化的高度，用富有人文关怀的制度来管理人，使人在被管理中体会出温暖和帮助，也就可以排除学生的逆反心理。同时可通过学生干部"听证会"来完善制度，尽力做到"以人为本"。在处理手段上，应以"教育为主"为指导思想，当学生违反规章制度时，应突出"治病救人"，通过"晓之以理、动之以情"，让学生深刻地认识错误，避免照搬制度生硬处罚，要重在使学生提高认识，触及灵魂，做到严而有格，严而有情，使之深切认识到管理者尊重信任、治病救人的良苦用心，从而真诚悔改。

在刚和柔的权衡方面，要侧重于"柔"。要积极研究大学生的心理特征，在关心学生、了解学生、诚待学生的基础上，做到理解学生和尊重学生，给予学生更多的个性发展空间。推行以充分授权为基础的自主管理模式，实施自主管理要求管理者给予学生充分的信任，相信他们有能力约束自己的行为，管理自身事务；管理者应通过充分授权，帮助学生开展多形式全方位的自主管理；管理工作者还要不断培养学生自主管理的能力和制订监控机制。此外，引导学生开展自我激励、自我服务、自我控制、自我检查、自我评价等工作。通过学生的自主管理，来充分调动他们的积极性和创造性，挖掘他们的潜能和自身价值，提高他们调节与控制自己思想和行为的自觉性，提高他们的综合素质。柔性管理的氛围主要以营造校园文化氛围为主。校园文化是一所学校独特的风格或整体精神，是学校成员之间相互理解的产物，是联系和协调学校所有成员行为的纽带。优良的班级文化是校园文化的重要组成部分和基础。班级文化、校园文化建设重在班风、校风建设，主要是营造出一种团结、和谐、奉献、进取的文化氛围。集体舆论与人际关系构成学生工作柔性管理的客观氛围。集体舆论是学生意志的反映，要善于通过各种途径，使学生充分表达对班级事务管理的意见，这不但有利于推行各种管理措施，而且有利于发挥学生的主动性和创造力。人际关系包括师生关系和同学关系。人际关系是营造集体心理环境的重要因素，它直接影响个体心理环境，决定着个体参与的主动性、积极性和创造性。另外通过创设人文性校园景观，占领校园文化宣传阵地，搭建校园文化平台，依托校园文化艺术节，为学生提供张扬个性的舞台，全面提升校园文化品位。

第三节 以依法治校来实现高校学生 管理模式的法治化

一、高校学生管理模式法治化的必要性和紧迫性

（一）高校学生管理模式法治化的必要性

首先，高校学生管理法治化是依法治国的重要组成部分。依法治国，建设社会主义法治国家，已成为加强社会主义民主和法制建设中的最强音。全面的依法治国应当将社会中各种关系纳入"法治"的范围，由"人治单元"组成的"法治社会"是不可想象的。同时法治社会也必然对其构成因子产生此种客观要求，这两者存在互动关系。

在这样一个大背景下，学生与高校的关系发生了变化，过去我国高等学校运行的经费来自于国家拨款，高校管理者的管理权是行政权力的一部分。虽然从宏观上讲，国家行政权来自人民的公意，但特定到学生与学校的这一具体关系，则是一种纵向的服从与被服从的关系。但自1997年以后，普通高校全部实行并轨招生，学生自费就学，自主择业，学校收取费用，提供服务，学生与学校之间的关系转变为契约关系。管理者的管理活动不再是依据其作为管理者的身份，而是依据契约——与学生达成的契约以及学生之间达成的契约，这二者之间时有交叉。由此高校学生管理工作中学校更多的是以民事主体的身份出现的，当然也不排除其出于社会公益目的而为公法授权之行为，比如依据《教育法》对学生学籍进行管理，依据《学位管理条例》授予学生学位以及依据原国家教委《普通高等学校学生管理规定》行使相应的行政管理权，但其管理活动需纳入"法治"的轨道是毋庸置疑的。

可见，高校学生管理模式法治化是高校社会主义办学方向的自我要求。高校作为社区、社会生活的重要组成，作为科技、文化的辐射源，对于整个社会的法制化建设都具有重要影响。党把依法治国、建设社会主义法治国家确立为我国新时代党和国家重要的治国方针，这是政治体制改革的基本要求和主要任务。社会主义法制化国家的建立，不仅需要有完备的法律体系，更需要全体公民具有良好的法律意识和法律素质。高校培养的人才是未来我国经济和社会发展的重要力量，其法律意识、法制观念如何直接关系到他们在

今后的社会生活中的行为方式是否符合法律规范的要求，关系到国家事业的成败。同时大学生作为较高文化素质的人才，其言行举止对社会具有较强的影响和示范作用，通过对他们进行法律意识、法制观念的教育，运用法律手段来规范他们的学习、生活，促进他们素质的全面提高，使他们形成遵纪守法的习惯，有利于推进全社会的法制化进程。

其次，高校学生管理模式法治化是培养创新人才的必然要求。高校的管理环境是创新人才成长的土壤，强调公平、效率与秩序的法治环境能为人的创造性的发挥提供保障。有人担心高校学生管理模式法治化会人为设置一些条条框框，不利于创造性的发挥。这是对法治的误解。为鼓励创新提供的最有效的保障就是在高校中建立公平竞争的环境，这样才能保障学生创新的积极性不受挫伤。学生通过自身努力得不到回报，或者发现那些没有通过努力而采取其他不正当方法的人也取得了和自己一样的效果，这都是对学生的积极性的极大伤害。因为高校是他们踏入社会的第一步，在高校获得的社会经验对以后的人生会产生莫大的影响。高校管理如不能从制度上保障学生的权利，让所有人在公平的环境下竞争，将会从根本上扼杀学生的创造力。因此可以说实现高校培养创新人才的目标，必须依靠高校学生管理模式法治化。

再次，高校学生管理模式法治化是高校管理体制改革的内在要求。在市场经济体制下，高等学校已从计划体制下的纯公益性事业单位转变为既坚持公益性又有产业性的教育实体。学校作为独立的事业型法人，享有办学自主权。学生享有自主决定报考学校及专业类别、缴费上学、接受高质量的服务和受教育的权利。学校与学生的行为受符合法律、法规的双方各自利益意愿的约定，即合同的调整。学生报到注册取得学籍即表明做出接受学校的教育、管理和服务，遵守学校的规章制度，缴费上学的承诺。学校接收学生入学，表明学校按要约提供优质的教育教学服务，使学生圆满完成学业。双方依合同约定享有权利和履行义务。如学生违反合同，不履行遵守校纪校规的义务，则学校按法律、法规规定及合同约定行使权力给学生以处分，学生承担违约责任。反之，学校不履行义务，构成违约，则学生行使权力，如请求权、申诉权甚至使用诉讼权维护自己的正当权益，学校应承担违约责任。随着高校内部管理体制改革的不断深入，高校后勤社会化的进程日趋加快，学校不再依据其作为管理者的身份，而是依据契约——与学生达成的契约对学生进行管理。社会化的后勤系统实行开放式的管理，要使大学生既能适应后勤服务社会化的管理，又要实现高校教育培养目标。实现学校管理与社会管理的接轨，就必须实现高校学生管理模式法治化。

最后，高校学生管理模式法治化是改善和加强高校学生管理工作的现实要求。虽然我国高校开设了大学生思想道德修养和法律基础公共课，但是不少大学生对这门课并不重视，有些学生即便学了也是为了应付考试，最终学用分离，重学轻用，法律意识淡薄，不考虑自己的行为责任，更谈不上用法律来严格规范自己的行为。他们总感到自己还是学生，还不需要用正式社会成员的标准来要求自己，法律应对他们网开一面。因此在校园生活中，一些学生随心所欲，想干啥就干啥，破坏公物、胁迫他人等违纪、违法行为时有发生。这些完全可以从《刑法》《民法》《治安管理处罚条例》等法律、法规条文中找到处理的依据，然而在实际处理中总是按校规来处理。而大学生们认为校内的制度是有弹性的，即使处理了，他们也只认为是违纪，而不认为是违法。这就混淆了法律和纪律的概念，影响了法律的尊严。甚至有的司法机关出于对大学生前途的考虑，在处理学生违法行为时就低不就高，就轻不就重，将违法作为违纪处理，这在某种程度上助长、放任了学生的违纪、违法行为。

实现高校学生管理模式法治化，用法律法规来调整和规范大学生的行为，有利于提高学生管理工作的效率与质量。

同时，高校学生管理模式法治化也是加强高校思想政治工作的客观要求。随着改革开放的不断深入和发展，人们的经济、政治生活都发生了变化，学生主体意识和权利意识明显增强。受市场经济负效应的影响，社会上一些功利主义、享乐主义、实用主义、拜金主义等思想在高校大学生中也有所反映。大学生的行为越来越功利化、社会化，在这样的情况下，单单依靠说教式、学生自律式的思想政治教育和管理的作用，显然是远远不够的，只有逐步实现高校学生管理模式法治化，以此作为思想政治教育的补充，才可能形成良好的育人机制。

（二）高校学生管理模式法治化的紧迫性

一方面，从我国高等教育大的层面来看，法律规定的缺位、滞后与粗糙是高校学生管理模式法治化进程中亟待解决的问题。

在我国高等教育方面法律规定的缺位，最突出地表现在缺乏必要的纠纷解决机制方面，尤其是缺乏受处分学生对处分不服如何救济的法律程序。例如在对学校处分学生方面，虽然《普通高等学校学生管理规定》第六十四条有"对学生的处分要适当，处理结论要同本人见面，允许本人申辩、申诉和保留不同意见。对本人的申诉，学校有责任进行复查"，但是，直到目前为止，并没有任何法律、法规、规章对受处分的学生如何行使申诉权，包括申诉的机构、申诉的时效以及有关机构答复的期限，对申诉答复不服的，被处分的学生应当如何救济等种种问题做出规定。

我国的《教育法》与《高等教育法》分别于 1995 年与 1999 年施行，其与时代脱节之处并不多，但由于这两部法律规定得都比较原则、笼统和抽象，在高校管理及司法实践中较少有实用性。但对于与高校管理及与高校学生有着密切关系的《学位条例》《高等学校学生行为准则》及《普通高等学校学生管理规定》却分别于 1981 年、1989 年、1990 年实施，它们之中自实施之日起至今最长的有 27 年，最短的也有 18 年。众所周知，在改革开放至今的 30 年里，尤其是近些年，我国高等教育取得了突飞猛进的发展，高等教育领域正在进行着一场深刻的革命，目前我国的高等教育已经基本上完成了从"精英教育"向"大众教育"的转变；加之近些年社会经济、文化的迅速发展及人们观念的改变，我国高等教育正面临着前所未有的新的形势，这些当初计划经济占主导地位时期由"政府推进型"立法所产生的法规本身就笼统、粗糙，这些法规在新形势面前已经显得"力不从心"。如《普通高等学校学生管理规定》第六十三条规定对品行极为恶劣，道德败坏者，学校可酌情给予勒令退学或开除学籍处分。在高校管理中，对于学生偷食禁果者的处分一般都套用该规定而对其予以勒令退学或开除的处分。但是，对于偷食禁果的学生是否属于"品行极为恶劣，道德败坏者"，在今天人们的观念已经能够容忍避孕套自动售货机堂而皇之地设置在一些大学校园内的"新形势下"，是否继续沿用以前的思维值得进一步思考。

再如，就学位评定程序来说，按照《中华人民共和国学位条例》及其《暂行实施办法》的规定，高等院校的毕业生想取得学位必须过两关：第一关是毕业论文须经院系答辩委员会通过；第二关是毕业论文经院系答辩委员会通过后，还必须要经校学位评定委员会评审通过。按照《学位条例》第十条第二款的规定，校学位评定委员会的任务是"负责审查学士学位获得者名单，负责对学位论文答辩委员会报请授予硕士学位或报请授予博士学位的决议，做出是否批准的决定。决定以不记名投票的方式进行。经全体成员过半数通过"。《学位条例暂行实施办法》第十条规定，学位评定委员会由 9 ～ 25 人组成，任期 2 ～ 3 年，还规定了其下可设置若干分委员会。因此，从以上的规定来看，高校的学位评定委员会组成人员并没有专业的限制，实践中其一般也是由各个不同专业的专家所组成的。因该《条例》及其《暂行实施办法》并未规定学位评定委员会的审查是实质审查还是程序性审查，由于该立法存在的这一缺陷，遂使得在实践中经常会出现那种外行审查甚至否决内行论文的极不严肃和不合理的现象。

另一方面，具体到各个高校，学生与校方纠纷的增多也使得高校学生管理模式法治化成为现实而紧迫的问题。

在我国教育类法律、法规中，直接涉及高校学生管理的主要有两部规章，即前国家教委分别于1989年和1990年颁布的《高等学校学生行为准则》与《普通高等学校学生管理规定》。各高校对学生进行管理的规定一般都是在以上两部规章的基础上自行制定的。有的高校在一些处罚性条款，尤其是对学生处以勒令退学或开除处分的条款上往往弹性非常大，有的超越了我国现行法律的规定，有的甚至本身就不合法。例如为了严肃考风考纪，有些学校规定，考试作弊一经发现即对作弊的考生处以勒令退学或开除学籍的处分。被勒令退学或开除的学生其命运与前途往往就此毁于一旦，如此规定是否违反高等学校教书育人的宗旨等等，就其规定本身来说，其实就是不合法的。按照《普通高等学校学生管理规定》第十二条的规定，对于"考试作弊的，应予以纪律处分"；第二十九条规定应予退学的十种情形之中，并没有不遵守考场纪律或作弊应予退学的规定；第六十三条虽然规定了"违反学校纪律，情节严重者"，可给予勒令退学或开除学籍处分，但前提是高等学校"学校纪律"规定本身应该符合我国有关法律的规定，而不能在法律规定之外任意扩大、自我授权。因此，这种仅依据学校内部的一纸超越甚至违反我国现行法律规定的管理规定就剥夺受处分学生享有的受《宪法》保护的受教育权，其合法性实在值得怀疑，也难免有些学生因此而将校方告上法庭。

在处理在校大学生未婚同居的问题上，由于处理不当也容易引发学生和校方的纠纷。虽然在对待是否准许大学生谈恋爱的问题上，我国高校普遍经历了一个从严禁到不提倡也不禁止的态度的转变，但在对大学生发生性行为的问题上，高校的态度是十分坚决的，一经发现则对其予以勒令退学或者开除。高校对学生中偷食禁果者做出这样的处分，其依据是《高等学校学生行为准则》和《普通高等学校学生管理规定》中的有关规定。《准则》第八条规定，大学生应注重个人品德修养、男女交往，举止得体；第十三条规定，学生宿舍不得留宿异性。而《规定》第六十三条第四款规定，有品行极为恶劣，道德败坏者、学校可酌情给予勒令退学或开除学籍处分。但是，对于发生性行为是否属于"品德极为恶劣"或"道德败坏"的问题，有关部门却并没有做出解释。另外，高校在处理此类事件时，往往还涉及对被处分学生隐私权保护的问题，稍有不慎，就会侵犯被处分学生的隐私权而面临被推上被告席的危险。重庆某高校就因处理这类问题不当而被该校开除的一名女生告上法庭。

高校在管理过程中有时还因为缺乏程序观念而被学生告上法庭。如在田永诉北京科技大学拒绝颁发本科毕业证书、学士学位证书案中，学校当初对田永的处分决定并未直接送到田永的手中，亦未告知其申辩、申诉的权利。再如黄渊虎诉武汉大学学籍与户籍管理案中，当初武汉大学因黄考博政审不合格做出不予录取而让其跟读的决定时，亦并未告知黄申辩、申诉的权利和途径，也未告知其"跟读"的具体含义。而且，既然田永当初已被"取消"了学籍，黄渊虎并未"取得"学籍，那么学校就不应该让他们一直在学校读到毕业，因为可以预料的是，在这种情况下，毕业时发生矛盾是不可避免的。因此，北京科技大学对田永处分的程序，直接违反了《普通高等学校学生管理规定》第六十四条的"处分要适当，处理结论要同本人见面，允许本人申辩、申诉和保留不同意见。对于本人的申诉，学校有责任进行复查"的规定。而武汉大学在黄渊虎问题上亦违反了"正当的法律程序"。

二、法治的主要内涵和目标

把握法治的内涵首先要澄清两种模糊认识。其一"法治"不同于"法制"。从本身的含义来说，"法治"是指严格遵法、守法，依法办事的原则，而法制是指一定范围内的法律制度或法律上层建筑系统；法治是运用法律及其制度为基本手段和方法来治理，是法制的功能要求和动态过程，是包括法制在内的更大的系统。其二"法治"是指"依法"管理，即将法作为学生管理的最高权威，没有任何个人或利益集团可以凌驾于法之上。而不是"以法管理"，不能将此仅仅作为学生管理的一种工具和手段，否则就会陷入法律工具主义的误区。

从某种意义上讲，法治实际上是对社会的权利、义务、权力、责任等进行合理分配的一种制度设计和安排。权力是法治的一个重要因素。权力具有极大的权威性，这必然会出现这方面的结果。一方面，权力的权威性会给人民和社会带来利益，它是法治所要建构的社会秩序产生的前提，也是法律真正得以实现的基础；另一方面，权力的权威性使之存在着对社会和他人潜在危害的可能。因此它也是法治所要制约的主要客体。权力的制度化、法律化，是使权力在运行过程中依照已由法律规定好的行为模式合法运行。权力的制度化应包括几个方面的内容：一是保证权力具有极大的权威性，以实现权力的正当目的，这主要是指权力用以维持社会秩序与安全、保障自由和权利及实现社会发展目标。但制度化的权力只与特定的职位相联系而非人格化，而职位是对所有公民平等开放的，这有利于防止因权力的过分人格化而出现的利用权力谋取个人私利的腐败现象的出现。二是应确立保证权力分立的制度。权力过分集中在某个人或某个机关手中，一方面由于缺乏权力内部的分工，而降低权力的效率；另一方面，更为重要的是由于权力的过分集中，使权力间失去互相制约的可能，而产生更大的任意的可能。这种任意如果由好人来行使，也可以"使好人无法充分做好事，甚至会走向反面"。而且一旦由坏人来行使，过分集中的权力将极大地损害社会和公民的权利。在人治社会人们只能依赖圣君贤相，但法治合理的权力制度可以把权力的潜在危害性降到最低点。三是以权利作为权力的运行界限。早在18世纪孟德斯鸠就认为：一切有权力的人都容易滥用权力，这是万古不易的一条经验。有权力的人们使用权力只有在遇到权力界限时才有休止的可能。在法治下，应形成以制度化的权利制约权力的机制。基于这样的设计，权力的制度化包括以宪法、行政法、诉讼法等法制确定权力的产生、构成、限制、运行、保障、责任和监督制度。权力的制度化，使法律成为使权力合法化的唯一手段，通过法律可以准确地确定官方权力的范围和界限，从而有利于实现通过法律对权力的控制，以确保权力的行使符合正当的目的，防止出现权力的误用和滥用。

权利是法治的另一要素。以法律的形式对权利和自由进行合理分配是法治的目的。权利的制度化是指将社会中的权利要求转化为法定权利。现代社会起源于商品市场经济的发展，在这种经济条件下，社会关系主要体现为物质利益关系和平等交换关系，这就必然产生人们对利益和平等的权利要求。但是仅有权利要求是不足以保证权利的实现的，加之现代社会各种利益的冲突，人们的权利要求也各不相同，只有将这些权利要求通过立法者的选择和平衡，在具体的法律法规中将其制度化，才能确保权利真正受到保护和得以实现。权利的制度化具体表现在：一是有关权利主体的制度。主要指：权利主体地位的规定，权利主体不仅包括公民、法人，还应包括政党和其他社会组织；具体权利义务的规定，如公民政治权利的规定，主要有选举权和被选举权，言论、出版、集会、结社、游行示威权，知情权和参与决策权；经济方面的权利，如所有权、劳动权、平等权、继承权、投资权等等。但权利永远不可能是任意和无限的，权利行使的绝对化，必然会导致无视权力和他人权利，给社会造成灾难。因此法律在将权利制度化的同时，也通过义务的设定，使权利主体在享有权利的同时也应承担义务。责任方面的制度。任何主体包括公民、法人、政党等权利主体对权利的滥用和对义务的漠视都应承担法律责任。二是有关权利实现的制度。将法定权利转化为实有权利，这才是法治所应追求的目标，在将权利要求转化为法定权利时，必须考虑到权利的经济、政治和法律保障制度化。三是权利救济制度。当合法权利受到非法侵害时，法律应提供有效、及时的法律救济方法，这主要表现在各种诉讼制度上。以保障公民基本权利的宪法和其他单行法规，以产权制度、法人制度和契约制度为核心的现代民商法，都在致力于实现权利的制度化。

完善可行的权力和权利制度是判定一个社会是否真正实现法治的最基本的制度准则。以此为出发点形成一系列的法律制度、规则、原则和概念，它们共同构成法治的制度标准。

实现学生管理的法治化，单纯仰仗完备的法制是不够的，而且要建立一个学生管理法治系统。这个系统应包括：法治的主体系统——民主系统，即校园内以民主形式组建的对学生管理工作具有决定性影响的组织；法治的思想观念系统——它是学生管理工作的主导系统；法治的教育系统——包括对管理人员的法治观念的培训以及对学生的法律教育系统；法制系统——包括调整学生管理活动的由国家制定的法律、法规以及学校自行制定的规章制度系统；法治的辅助系统——包括学校的学生处、保卫处以及校园文化心理、伦理道德等系统；法治的信息反馈系统和监督系统——前者包括国家和学校相关部门的内部反馈系统以及校刊、广播站等外部反馈系统，后者包括国家、政府的监督，校长、党委的领导监督，学生代表大会的监督以及民间社团、校内传媒等社会监督，还有来自学生的直接监督，二者时常是你中有我、我中有你。

三、如何实现高校学生管理模式的法治化

（一）加快高校学生管理工作法制化进程是实现学生管理模式法治化的前提和基础

推进管理法制化是纠正高校学生管理制度建设弊端、堵塞制度漏洞的有效手段。我国《高等教育法》第十一条规定："高等学校应当面向社会，依法自主办学，实行民主管理。"它明确了学校自主管理权的行使必须遵循法制原则。学校教育是对"人"的教育，对人的教育必须建立在尊重人的基础之上，而对人的尊重首先是对人权利的尊重。长期以来，教育道德化是我们一贯的教育理念。在教育过程中，权利的设置和运用常常只受道德标准的衡量与限制，而缺乏法律的规范。但在依法治国的环境下，学校与学生之间的关系已经不再是一种简单的管理者与被管理者之间的关系，而是一种对应的权利义务关系。因此，我们应当将教育关系作为一种法律关系来看待，应当将尊重受教育者的合法权益作为教育者的首要义务，在行使教育管理权时，首先考虑的不应当是如何"处置"受教育者，而应当是这样处置是否合法、是否会侵犯教育者的权利，真正将受教育者作为一个平等的法律主体来对待。这才是我们需要的一种符合时代发展要求、体现现代法制意识的教育理论。

高校学生管理工作的法制化需要管理者法律意识的提高。高校管理者具有良好的法律意识是严格依法办事的重要前提，它可以促使管理者在依法行

使自己管理职权的过程中，尊重和保护学生的法定权利，避免对学生的侵权。高校应该通过进行法学理论方面的专门化培训、敦促管理者自学等方式，培养管理者的法律意识，尤其是民主思想、平等观念、公正精神、法制理念等，从而自觉用法律法规来规范自己的言行，在管理工作中公正对待学生，尊重学生权利。同时，外聘一些专职司法工作者，组成学生法律援助组织和仲裁机构，并与司法部门建立联系，协同接受各类申诉，立案处理一些案件，形成法制化的育人环境。

随着高等教育事业的飞速发展，20年前制定的法规不可能完全符合现在的形势。加之新的法律法规不断出台，法律法规"打架"的事在高等教育领域也屡见不鲜。因此，教育领域的法律法规如果不进行相应修改以适应社会的发展，一旦学生告学校，学校自认为合理的事可能也会败诉。

目前，教育配套立法严重滞后。以实施《高等教育法》的配套立法为例，《高等教育法》在一些条款中留有授权性的规定，如"按照国家有关规定""依法"等等，但是在实施中这些"国家有关规定"，行为所依之"法"的制定并没有及时跟上，导致实践中行为主体因没有统一、明确、具体的实体性和程序性规范而各行其是。其次，现有规范漏洞较多。现有规范的用语不够严谨，对已有的法律、法规、规章及规范性文件的清理和修订不及时，明显的法律漏洞和缺陷得不到及时的清理和修补。以《学位条例》为例，自制定20年来，我国高等教育特别是研究生教育发生了深刻而巨大的变化，而《学位条例》却未能根据客观形势的变化而作相应的必要的修改、补充和完善，因而管理中出现的一些问题不能得到及时规范或纠正。如很多学校制定的内部规定中有诸如"研究生在读期间必须在核心刊物上发表两篇以上论文的才允许答辩"等，有些条款的漏洞、用语的模糊与不确定在实践中日益显现，这在"刘燕文案"中也有体现。再次，由于行政管理的需要，不具有立法权限的机关，尤其是地方教育行政主管部门制定有大量的规范性文件。虽然这些规范性文件在教育行政管理中必不可少，但是与法律、法规和规章相抵触的现象较为普遍。

最好的方式是由最高权力机关——全国人民代表大会或其常委会以法律的形式加以设定，制定统一的《学生法》《学位法》《教师法》《高校教师聘任办法》等，明确高校的处分权必须在法律、行政法规、地方性法规和规章的范围内进行，高校不能自行设定处分的条件、范围、种类。国家法律对高校处分权特别是高校自治规章的监督应当采取预防性的监督方式，在高校自治规章生效之前，事先审查其是否违法。在高校处分权领域，国家监督应当通过对高校自治规章的核准许可制度进行。

与此同时，还应加强高等教育法律理论的研究，加快高等教育立法以及及时清理不适应时代要求的高等教育管理类法律、法规的步伐，解决目前我国高等教育无法可依和法律、法规严重落后于时代发展要求的现状。可喜的是，有关部门已经注意到教育管理类法律、法规、规章滞后于时代要求的问题并正着手予以解决。如，《中华人民共和国民办教育促进法》已出台，该法的出台，使我国民办高等教育长期以来无法可依的历史已宣告结束。

（二）建立正当的管理程序是实现高校学生管理模式法治化的关键所在

在具体的管理行为中，实现法治化的重中之重在于程序，实现了程序的法制也就实现了管理行为的法治化。这就要求，在处分学生时要及时将处分意见送达本人，确保学生的知情权不受侵犯；建立听证制度，充分保证学生的知情权；建立申诉机制，使学生有一个为自己辩护的机会；建立司法救济机制，保障学生的合法权益。

正当程序原则可以追溯到英国普通法传统中的"自然正义"原则。正当程序的基本要求是：任何人不能作为自己案件的裁判者，纠纷由独立第三人裁决；做出影响相关人权利义务的决定，特别是对当事人不利的决定时，必须听取利害当事人的意见，给予其陈述、申辩、对质的机会；纠纷的裁断过程中不可偏听偏信，不得单方接触；一切都必须予以公开，保证公正和透明度；在裁决时应尽可能考虑一些比较。

我国法律中并没有关于"正当程序"的条文规定，正当程序只是作为行政法的原则和理念存在。《行政处罚法》规定的简易程序、一般程序和听证程序，也不适用于高校学生管理和纪律处分。但是，从司法实践来看，田永诉北京科技大学案实际上已经确立了正当程序的原则。法院的判决书中指出："按退学处理，涉及被处理者的受教育权利，从充分保障当事人权益的原则出发，做出处理决定的单位应当将处理决定直接向被处理者本人宣布、送达，允许被处理者本人提出申辩意见。北京科技大学没有照此办理，忽视当事人的申辩权利，这样的行政处理不具有合法性。"法院在没有任何法律规定的情况下，根据正当程序的要求认定学校程序违法，从而创造性地运用了"正当程序原则"。此后，刘燕文诉北京大学案也应用了正当程序的理念。一审法院的判决认为，"校学位委员会在做出不批准授予刘燕文博士学位之前，未听取刘燕文的申辩意见"，"做出决定后，也未将决定向刘燕文实际送达"，即法院认为高校的处理决定存在程序上的瑕疵。也正是因为法院对高校学生管理行为的司法审查，使得高校不得不在学生管理过程中考虑程序的正当性，从而引起教育界和学术界对于高校学生管理过程中正当程序的关注。可以说，司法审查是高校在学生管理过程中适用正当程序的最大推动力。

从保障学生权利和维护学生尊严的角度来看，正当程序有利于保障学生的权利，特别是涉及学生的基本权利时更是如此。高校学生管理过程中的正当程序是对学生权利保障的基本要求，没有正当程序，受教育者在学校中的"机会均等"就难以实现，其"请求权""选择权""知情权"就难以得到保障和维护。另外，如果仅仅从工具性价值来理解正当程序的话，那就贬低了正当程序的价值。程序不能只是达成实体正义的手段，程序具有自身独立的价值。正当程序的内在价值有两个方面：一是对人作为人应当具有的尊严的承认和尊重，即尊重个人尊严；二是正当程序包含了"最低限度公正"的基本理念，即某些程序的因素在一个法律过程中是基本的、不可缺少的，否则，人们会因此感到程序是不公正的、不可接受的。在很长的一段时期内，高校和学生的关系具有强烈的特别权力关系的色彩，学生只是消极的被管理者，高校与学生之间的地位是不平等的。在这种情况下，正当程序是没有必要存在的。随着我国实施依法治国方略，全面推进依法治教，高校学生管理必须法治化。民主法治的发展和人权保障的要求，将特别权力关系纳入司法审查的范围，既符合正当程序原则，也成为限制特别权力的基本原则之一。因此，在高校学生管理过程中引入正当程序，是对学生人格尊严的尊重。

从现有法律、法规和立法趋势来看，高校学生管理过程中适用正当程序也是必然的。《普通高等学校学生管理规定》第六十四条规定："处理结论要同本人见面，允许本人申辩、申诉和保留不同意见。对本人的申诉，学校有责任进行复查。"这实际上已经具备了正当程序的一些因素。《教育法》还规定，学生对学校给予的处分不服，有向有关部门提出申诉的权利。尽管申诉制度在立法上的规定十分粗粮，在现实中并没有充分实行，但毕竟在立法上已确立了这项制度。目前，教育领域的法律、法规、规章及其他规范性文件对程序的规定相当薄弱，这也使得高校在学生管理过程中缺乏充分的程序观念。程序上的不规范，在一定程度上影响和限制了学生的权利，也不利于高校学生管理的顺利进行。

在我国，高校学生管理中正当程序的适用范围应大于司法审查的范围，即属于司法审查之外的高校管理行为也应该适用正当程序。有学者认为，学校对学生所做的管理行为中，可以起诉的事项主要有如下几类：违反法律的规定，侵害或限制学生宪法上基本权利的行为；足以改变学生身份的处分或决定（如录取、勒令退学、开除等）；对学生权益影响重大的其他处分（如不予核发毕业证、学位证的行为严重影响学生的权益，与学生的就业、发展息息相关）。为了实现维持学校正常的教学目的的功能，学生对学校的日常作息管理行为，一般纪律处分行为，涉及学生的品行考核、成绩评定、论文评定等高度人性化判断的行为一般不得提起诉讼。当然，勒令退学、开除学籍、不颁发毕业证、不授予学位等行为较一般的纪律处分要严重得多，对学生的影响也大得多，但是决不能以影响结果小为由而随意为之，因此，一般的纪律处分也应该适用正当程序。

（三）建立科学的学生管理评价体系和多元化的学生权益救济机制是实现高校学生管理法治化的重要保障

高校对学生的规范约束，主要依据是法律标准。特别是在学生处分问题上，道德品质评价不能作为处分学生的依据。在对学生进行处分时，要就事论事，事实清楚、程序正当、依据明确、定性准确。在此问题上，我们要改变既往惯常对问题学生进行处分的教育管理模式，发挥思想政治工作的优势，在处分前要注重对学生思想和行为规范不良倾向的引导和疏导，在处分中要加强对学生的思想教育，调动学生主体的自我教育功能，引导学生强化个人和社会责任感，处分后要做好后续的管理和服务，给予学生更多的人性化关怀。通过把思想教育"软件"与刚性管理"硬件"密切结合，营造良好的育人环境。另外，一直以来衡量高校学生管理工作好坏的重要标准是管理效率的高低，对公平、正义的维护则显得不够。确立科学的学生管理评价体系就是不仅要实现"管住人"，还要"管好人"，以德服人，以理服人，维护学生的正当合法权益。

学校对学生的严重处分，不是对学生宪法上受教育权的剥夺，而仅仅是对该学生在一个特定教育机构接受教育过程的终止，不涉及学生宪法权利的保障，因此，在构建不服处分的救济制度上，不需要考虑宪法上的救济即宪法诉讼或其他违宪审查方式的问题，但是要考虑高校对学生的管理，在很大程度上具有行政管理的味道，法律、法规、规章对高校行政处分权的行使规定了严格的条件。行政处分的法定性特征，具有对行政处分实施普通法律上救济的条件。就高等学校行政处分纠纷案件而言，行政诉讼和包括教育行政复议、学生申诉制度、教育仲裁制度、调解制度等在内的非诉讼机制都是学生可以利用的权益救济方式。建立多元化的学生权益救济机制，既是以法治校的重要体现，又是避免学校陷入司法审查陷阱的必要手段。

第三章 新时代高校学生管理制度的
探索与创新

第一节 高校学生社区化管理与宿舍管理的探索实践

一、高校学生社区的内涵及社区化管理产生的背景

（一）高校学生社区的概念

随着我国高校改革的进一步深入，以寝室为单位的学生社区的地位日益突出。学生社区是社区概念在学校管理中的反映，学生社区是大学生在校学习、生活、休息的基本活动场所。社会学研究表明，社区首先是一种地域上的存在，其次"它的实质是人的聚居与互动"。就第一层意思而言，社区的特点是居民的共同居住；第二层意思则表明社区具有文化功能。学生社区也是一个社区，就一所高校而言，它指这所高校的所有寝室和周边环境（学生公寓）以及这种环境所能达到的最大的育人功能。

（二）高校学生社区的内涵

与社区概念相对应，这一概念也包含两个内容，一是指区域环境，二是指文化功能。区域环境即是指：一方面，学生社区是校园的区域组成之一，是校园内的地理分区，是学生的居住区；另一方面，学生社区也是学校的一个重要管理区，就社会组成结构来讲它是组成学校管理的结构之一，学校与学区存在某种程度上的隶属关系。不过，在完全学分制实施的背景下，学生群体间专业、班级甚至年级的界限日益模糊，作为学生的居住区其地位也应随之上升，以满足学生以居民身份与学校以及相关社会机构进行实质性对话的要求。文化功能更多地表现为社区人文环境与居民生活的相生相融，成为社区居民接受文化教育的主要阵地；学生社区在文化功能上还要承担更多的

责任，要确保"文化为了教育，教育为了学生"，它具有更加鲜明的目标和内容指向，高校学生社区的主要功能，就是要使学区成为高校德育工作的一个有效的有机环节。它承担的主要任务是为未来社会培养合格的社会公民，从社区角度出发，即要培养适应社区生活，与社区和谐相处的居民。一个社会的现代化归根结底是人的现代化，是人的意识和人的才能的现代化社区作为社会构成的单元部分，它的现代化更离不开其居民即社区成员意识的现代化。因此培养具有社会意识的现代人必然成为现代教育的任务之一学生社区作为社区的特殊形态，同样要求其居民（学生为主体）以社区理念处理社区事务从这一角度讲，学生社区承担向居住其间的不同年龄、不同性别、不同生源、不同专业的学生灌输现代社区意识，将其培养成为积极参与社区事物、能适应并完善未来居住环境的合格居民的任务。因此，学生社区更像一个准社区，就如同学校向各行业输送人才一样，它负责向未来的社区输送高层次的居民。

由此可见，区别于城市一般社区和农村社区，学生社区是附属于学校的，由定期流动的学生和相关管理人员组成的，在具备相应的物质功能同时，还应形成其相应的育人功能的一类特殊形态的社区。它不单有显而易见的区域含义，同时也具有育人的功能，即通过整个学生社区成员（主要指学生）的积极参与和依靠学生社区的创新精神来完成其育人功能，同社区一样，"学生社区"一词也有一种温暖的劝说性的意味，它是一种情感力量，让学生具有对物质环境的归属感。在同一学区里，不同学生的关系建立在相互依存和互惠的基础之上，这种互惠和相互依存是自愿的、理性的，是通过自主参与实现的，学生参与是学区存在的反映，只有通过学生参加，才能使学生的多样性以及他们归属学区的不同方式具体表现出来。

（三）高校学生社区化管理产生的背景

第一，中国高等教育现代化和国际化发展趋势需要一种符合高校学生教育管理的新模式。为了克服高校持续扩招带来的后勤设施不足，中_高校借助_外发达国家高校后勤社会化的管理体制，或引进社会资金，或集资联建，或贷款与集资相结合，大力兴建学生公寓，并推行了后勤社会化管理，较稳定快速地解决了学生的住宿，餐饮、娱乐等一系列学习、生活、文化活动设施存在的经费短缺的问题。但后勤社会化却带来高校管理的"二元化"问题，即对学生的学习实行的娃与两方高校不同的传统教学行政管理，而对大学生的生活却推行了类似西方大学的社会化管理，在教学计划行政管理与社会化管理事实上存在着"两个体系"。高校学生工作面临的挑战是：怎样将"行政管理"与"社会化管理"两个体系合二为一，从而达到对学生人格的教育的统一。在这种新情况下，高校实行社区化管理势在必行。

第二，中国高等教育改革和发展不断深化需要改革传统管理模式。面对高等教育的改革和发展的现实情况，尤其是高校学分制改革的逐步深化，传统的班级概念趋于淡化，以班级作为思想政治教育基本组织形式和主要工作渠道的情况正在改变，社区越来越成为大学生学习、生活的重要场所。

同时，随着高校后勤服务社会化步伐加快，学生社区的环境氛围、社区的文化设施和社区管理服务的质量如何，以及社区管理模式怎样，这些对传统的高校学生工作提出了新的问题。因此，高校社区化管理被提上了议事日程。高校学生社区化管理是适应高等教育改革与发展的时代要求。

第三，适应学生群体特征，加强和深化高校思想政治工作，需要一种更切合实际、具有实效的教育管理新模式。高校学生思想政治工作者，必须根据变化了的情况，及时调整工作思路，做出应对之策。面对高等教育的日趋现代化和国际化，特别是教育教学改革的不断深化，高校改革向纵深发展的新形势，高校学生社区管理如何坚持社会主义办学方向，如何坚持姓"教"的宗旨不动摇，是一个值得认真研究和探索的重大实践课题。近年来，很多高校在开展党建与思想政治工作以及日常教育管理工作方面，与时俱进，不断创新，探索出了一条符合形势发展要求和高校实际的学生教育管理新路子，即高校学生社区化管理。高校学生社区化管理是加强和深化新时代高校学生思想政治工作的需要

二、高校学生社区化管理的现状

（一）国内高校学生社区的三种类型

从 1999 年高校的扩招，到 2001 年开始在全国各地迅猛发展的大学城，大学生社区目前在我国已普遍存在。就现存的全国各地大学生社区的现状来看，目前主要存在三类管理模式的大学生社区。

1.跨省（市）的大学城社区

这类学生社区的特点是规模大，入区的学校多。从入区大学所在的省（市）来划分，既包括大学城所在地的大学，也包括外省（市）的大学；从入区大学的性质来划分，既包括理工大学，也包括综合性大学和专门大学；从入区的学校层次来划分，既包括研究型的本科大学，也包括专科学校和职业技术学院。这类大学城社区管理体系有待加强。

2.同省（市）的大学城社区

这类大学城社区的特点是，规模较大，入区的高校多的有数十所，少的

也有几所到十几所，入区的大学属于本省（市）的大学。如重庆市的虎溪大学城，其入住的学校就有重庆大学、重庆医科大学、重庆师范大学、四川美术学院、重庆科技学院等 11 所高校；上海市的松江大学城，入住的有复旦大学影视学院、东华大学、上海外国语大学、上海工程技术大学、上海对外贸易大学、华东政法学院、立信会计学院等 7 所高校；广州市的广州大学城有中山大学、华南理工大、华南师大、广东工业大学、广州美院、星海音乐学院、广州大学、广州外国语学院、广州中医药大学、广东药学院等 10 余所高校；南京市的仙林大学城有南京师范大学、南京中医药大学、南京财经大学、南京邮电大学、南京森林公安高等专科学校等 10 余所学校；武汉市的黄家湖大学城也是一个规划占地约 40 平方公里，规模达到 20 万学生的大学城。

3. 由一所具有一定规模的大学构建的学生公寓式社区

这类学生社区的特点是，在原学生宿舍区的基础上，进行管理模式上的改革，即对原有计划经济条件下的学生宿舍式管理模式，实行后勤社会化改革，实现社区式管理；随着学校规模的扩大，对新建的学生宿舍实行社区化的管理。这类由单个学校构成的公寓式学生社区目前全国也不少。以重庆为例，重庆交通大学、重庆邮电大学、重庆工商大学等，其学生公寓式社区即是这类社区。

（二）高校学生社区化管理实践

1. 单一院校学生社区管理模式

这类学生社区管理学生来源单一，规模相对较小，管理容易到位。因此通过社区党总支、支部、学生党员接待室、社区团组织、社区学生会、心理咨询室等的构建，就形成了从学校党委行政到社区学生寝室的完整管理体系，使各类社区管理中容易发生的问题能得到及时有效的解决。这类管理模式总的来说比较成功。

2. 跨省（市）大学城与同省（市）集中多所高校的大学城社区的学生管理模式

跨省（市）大学城和同省（市）集中多所高校的大学城社区的学生管理的特点是，城区规模大，学生人数多，基础设施可以得到有效利用，在生活管理上可以取得相应的效益。但与之相对应的是，正是由于学生人数多、涉及的学校多，因此，在管理上也容易出现某些漏洞，这种管理的漏洞主要不是寝室管理的不规范，或者教学设施使用上的混乱，事实上，一个大学城在学生寝室的管理上是完全可以统一规范的，其教学设施也可以更好地充分利用。这里的管理漏洞，往往更多的是指各个地区、各个学校对学生管理要求的不一致、不统一。因而就可能出现这样的情况，有的学校管得严，有的学校管得相对松，这一严一松中，就可能出现管理信息上的不完整，问题就可能从薄弱部分反映出来。用管理学的术语来表述，就是"木桶效应"，即木桶里的水会从箍桶板中最短的一块木板中漏出来。教育部新颁布实施的《普通高等学校学生管理规定》根据宪法精神和国务院《宗教事务管理条例》这一要求在第四十三条规定，"任何组织和个人不得在学校进行宗教活动"，各高校都应当坚决执行。但如何将这一规定严格认真执行则是一个管理工作者需要研究的问题，因为过去个别高校曾经出现过非法传播宗教的活动，往往是秘密进行的，如果我们的大学生社区管理不到位，这种非法开展的宗教活动就可以从管理薄弱的大学生社区入手，待时机成熟之后，再扩大规模，如果那时我们再来制止，就会花上更大的力气，从管理学上说，制止的成本就会更大，从政治学角度说，就会产生不良的政治影响。因此，跨省市大学城管理上需要解决的问题是如何在发挥规模效益的同时，避免由不同省（市）、不同高校在学生管理制度上的非一致性而产生的薄弱环节。

与跨省（市）大学城一样，单一省（市）大学城充分利用基础设施、扩大管理效益的优势也是明显的，但同样存在各高校间学生管理不一致的问题。这种不一致，不仅源于各高校之间的专业特色，也源于各高校的定位：有的是研究型大学，有的可能是教学研究型大学，有的是教学型大学，有的是综合型大学，有的是多科型大学，有的是专门的学院（如医科、工科、农业、教育等），有的是职业技术学院等。同时，还存在着不同高校对学生管理的认识不一致的情况。有的非常重视，可能在管理上就做得比较细，有的认识可能不到位，管理就有疏漏。这种管理上的不一致，将可能导致大学生社区出现一种"东方不亮西方亮，黑了南方有北方"现象，使一些看似不起眼的小事因信息反馈的不及时，管理的不到位而酿成工作失误，甚至造成不利于稳定的群体性突发事件。

与单一高校组成的大学城出现工作失误造成的影响不一样，跨省（市）大学城和同省（市）中由十余所高校组成的大规模学生社区，如果出现了失误，所产生的影响与后果将会比规模小的单一高校大学生社区严重，因为人数达10万甚至20万的大学城，如果爆发学生群体性突发事件，不仅仅会影响到这个大学生社区的教学与正常生活，同时在转型时期，由于各种矛盾凸显交织，这种事件如果处理不好，有可能引起连锁反应，波及附近的市民与工业企业，导致社会不稳定甚至发生动乱。因此，如何加强与细化这种规模大的大学城学生社区的管理，是一个值得认真研究的重大问题。

（三）高校学生社区化管理取得的成效

实践表明，实施学生社区化管理不但可以较好地应对高校后勤社会化改革与教育教学改革给高校学生教育管理带来的新机遇、新挑战、新任务和新问题，而且使学生党建与思想政治工作的着力点更明确、体系更完善、育人机制更健全，对学生的教育管理成效也更明显。其主要作用表现在：

1. 能够增进各学校、各级组织与学生之间的交流和情感联系

近几年不断出现的学生与学校间的法律纠纷一度成为整个社会关心的热点问题，专家指出发生这些问题的一个很重要的原因是学生与学校之间缺乏必要的平等的交流与沟通，因此引发出学生、家长、社会与学校之间的诸多矛盾 3 而社区化管理改变了师生以前对社区化管理改革的消极认识及评价，通过政工人员和学生社区中的党团组织机构与心理咨询机构的工作，缩短了学生与组织间的空间距离和心理距离，进一步体现出思想政治教育应具备亲和力和感染力的特点，师生之间、学生与组织之间、学生与学校间的关系也更加自然和谐。

2. 服务和成才育人环境将更加优化

在以社区党总支为核心的管理体系中，综合利用好各种服务机构，加强统一指导，能为学生的成才提供一个更加完整、科学、有序的体系和空间，使社区的管理和服务更加快捷、完备。社区化管理可以科学整合各种资源，增强教育管理合力，在社区管理体制下诞生各种健全、富有活力的社团组织，为社区创造了丰富多彩的科技文化氛围，为学生素质的拓展提供了更加立体的空间，对学生个体知识结构的完善、个性的培养和素质的拓展发挥了积极作用。从管理和经营角度提出社区的统一管理思想和教育理念，为学生的成才和教育机构的育人提供了更加优化的内外环境，能够有效保证高校连续扩招后教育管理质量和学生素质的稳步提高。

3. 更加有利于贯彻"以人为本"的管理理念，更加优化育人效果

社区化管理营造出了以人文素质、健康成才教育等为主要内容的德育氛围。在这个氛围中，学生真正成了学校服务的对象和主体，自始至终坚持把学生的成才放在第一位。如果要在整个教育过程中真正地贯穿这一主旨，就必须为学生的成长与发展提供良好的物质条件，在此基础上创造良好的"求知、求真"的学术氛围，营造出一种以人文素质、健康成才教育等为主要内容的道德文化育人氛围，给予学生一种积极的引导，使学生在良性的德育氛围的感染熏陶下主动去锻炼、提高自己，最终培养学生良好的生存适应能力。

三、高校学生社区化管理的理性思考

（一）高校学生社区化管理面临着机遇和挑战

全面实施学生社区化管理已经迈出了我国高校学生思想政治工作中具有代表意义的一步，在国内各高校先后进行的各种形式的理论研讨和实践探索，解决了部分理论和操作问题。但是全国高校地域分布广，地域和办学特色不一，教育环境和教育条件参差不齐等因素决定了任何一种管理模式的完善都要经历一定的过程。社区化管理在实践探索过程中仍存在许多具体挑战，表现在以下几个方面：

第一，内部机构关系和运作方式尚欠科学和完善，构建并处理好教育、教学、招生就业三大平台之间的关系，需要进一步处理好教学管理与教育管理、社会化服务管理与教育教学管理之间的关系，科学分析和分配学生教育管理平台内部机构间的权重等。

第二，对实施学生社区化管理的后继问题重视程度和研究不够，前瞻性理论探索较少。例如，随着改革的进一步深化，政治、经济、社会、文化、教育等诸多方面将会出现许多新的变化，学生社区的管理如何适应这些变化？对这样的问题就缺乏研究。

第三，急需提升学生社区的价值，即使学生社区在学校机构设置、运行体制、社会效益、育人过程中体现出更大的效度和影响力。

第四，在跨省（市）大学城和同省（市）多所大学集聚的大学城，存在着学生社区管理不统一的问题。由此可能导致一些不稳定因素从管理的薄弱环节滋生，有可能酝酿成影响全局稳定的因素。

（二）优化高校学生社区化管理的对策

高校学生社区化管理无论是作为高校适应社会发展还是内部区域管理，抑或对学生进行方向性教育的过程之一，都有着十分重要的现实意义，应如何在现有的基础之上展开这方面的建设呢？

第一，借鉴国内外高校学生教育管理模式，不断加强实践探索和理论创新。传统的学生工作观念一直轻视寝室的育人功能，将寝室当作完全的物化性存在，因而在实际工作中只重视学生对生活环境的维护与保持，没有自觉地发挥学生寝室作为学校育人工作环境之一的应有作用。同时，由于工作视角单纯停留于单个寝室，而未能将以寝室为单位组成的学生社区纳入视野，我们也很少注意学生社区育人功能的发挥。再者如前文所说，学生社区不仅有区域概念，同时也具有育人功能，然而由于这一功能的隐性特征，我们未

能加以准确地把握。以上种种观念观点误区导致我们未能认真地思考学生社区的作用，自然不会进一步去考虑如何建设好学生社区了。

在高校，学生的专业教育一般由各个教学系（院）来完成，学生的思想政治工作则由学校和学院具体的学生工作机构来完成，学生的物质生活需求由后勤部门来满足，而对学生进行未来生活训练，培养其成为遵守社区规范，具备相应社区意识的文明公民的教育任务却没有一个成型的组织来承担。这无疑是大学教育的一个疏漏，从这个角度讲，建立大学生社区，完善学生社区管理是完善高校育人职能，优化高校育人环境的必要举措，是当前高校学生工作迫切需要解决的问题之一。只有意识到了这一点，自觉地将学生社区建设纳入到学生管理工作中去，并给予其应有的地位，学生社区培养社区现代公民的育人功能才有实现的可能。因此，要加强理论建设和创新一定要贯彻开放办教育的理念，不断增强学习意识与开放观念，不断加强理论建设。高校学生社区化管理需要改革者的开放观念和博大胸怀，通过不断比较发现差距，促使在社区化管理的过程中自觉主动地探索理论，积极准备改革所需的条件，应提倡各高校之间的交流与合作，互促互进，在实践中不断积累宝贵经验，应夯实理论基础，加强理论建设创新，为高校学生社区化管理向纵深发展而共同努力。

第二，完善运行体系、解决机制问题是社区化管理的关键所在。机制是不可或缺的软件，建设好学生社区需完善三大机制，即学生社区运行机制、学生社区志愿者参与机制和学生社区的内部激励机制。

学生社区的运行机制是学生社区得以正常运转的前提。运用学生社区公共设施和相关权力，以满足服务需求为目标，不断提高服务质量，保持服务的功能成本，长期维持服务的再生产，这种周期性的进程状态即是学生社区的运行机制。这一机制本身说明学生社区组织的非营利性，或者说非营利性是学生社区行为的特征之一，是学生社区自我服务、自我调节功能的体现。不断地实现这一机制良性运转的关键是服务质量，服务质量同样也是确立学生社区形象的基础，是学生社区存在必要性的证明。

学生社区的志愿者参与机制是培育学生社区人文生态环境的深层次社会文化问题。在西方发达国家，社区的志愿行为是社区存在的基石。在学生社区中建立一支具备一定数量和质量的志愿者队伍不仅是一种管理现象，更是一种文化现象。事实上志愿者本身即是社区意识的内在有机组成部分，是社区成员积极参与社区事务的显性表现。在学生社区，志愿者的行为是建立一个以人为本，文明互助，共同参与的和谐学生社区的重要途径。

学生社区的内部激励机制是学生社区凝聚人心、发挥作用的保证，学生社区的非营利性能否像企业一样产生关注效率的动力呢？这是一个复杂的问题。其一，非营利性组织的动力主要在于获得居民的满意和社会的认可，这是一种深层次的心理需求。市场经济导致人们为利而动，在这种情况下，为他人和社区努力工作的人尤其会得到他人和社会的尊重。其二，个人运用社区职能通过解决社区矛盾进而解决个人问题，是个弥补个体力量薄弱无法对抗集团侵害的有效途径。一个发育良好的学生社区环境通过事务公开化、透明化，将工作者的各种努力、困难、成绩和失误显现出来，靠来自外部的反应去推动自己努力改进工作，从他人眼中看到自己的状态从而调整自己的行为，进而完善自我，即学区的内部激励机制。

第三，教育管理结构和"管""教"关系的调整和平衡。学生社区建设是一项系统工程，必然需要对原有学生社区管理结构进行调整，科学处理教育和管理的职责权关系。首先必须结合高校实际对原有学生工作进行结构性调整，并建立健全相应的规章制度，要从根本上解决这些问题，还需要处理好管理载体、教育平台、育人方式等全方位的问题，头绪纷繁芜杂，加之无成型的经验可借鉴，面临的问题和难度都还较大。但以结构调整作为切入点，是一个比较可行的思路。要处理好以下几个关系：

1.各级学生社区与社区总管理委员会之间的纵向关系

各学生社区管理委员会在人事安排上是一致的，都是根据三大职能安排负责人。学生社区总管理委员会由专职政工组成，负责相关政策制定、处理学生社区与校内外各社会机构关系、领导学生社区等工作。各分委的工作重点落实在学院一级，它依托学生专业而保持相互之间的独立性，同时与总管委保持一致性。各支委是学区管理的基层组织，它直接与楼层和寝室发生联系，同时也可在力所能及的范围内与相关单位交涉学区事务，因此也应具备相对的独自主能力。

2.校学工部门、团委与学生社区总管委的关系

学生社区总管委是校学工部的职能部门之一，是学生社区管理中最具有实权的管理层次，尤其在实现学生社区的维权功能方面，其作用更加明显，学生社区主要通过总管委实现与相关部门的平等对话，解决实际问题。团委介入学区管理，主要体现在对学区成员的思想教育与严格管理方面。各学院的学生工作办公室的主要负责人一般也是学院的团总支书记，因此共青团这条线的介入有利于加速形成一支由各院（系）团总支专职干部、各学生辅导员组成的宿舍思想教育、纪律管理、寝室内务管理队伍，有利于各项活动的协调，保证宿舍后勤管理的顺利开展。同时，团委是学生思想政治工作与校

园文化工作的主角之一，团组织又直接指导各级学生会组织，有利于将寝室文化活动纳入整个校园文化建设中去综合考虑，从而引导寝室文化向高层次发展。

3. 校学工部门与社区的关系

对于单一高校组成的学生社区而言，这层关系可以体现某种专业特色。以专业安排学生寝室的高校，可使整片宿舍区基本上也成为一片专业区，很多基层工作需要这一层面来组织和解决。高校学生工作部可以通过本校学生会来协调与支委的关系，这其实也是将基层学生工作重心由班级向寝室转移的一种方式，从而使学区成为校园内各项学生活动展开的活跃区域之一。对于多所高校组成的大学城而言，这种关系还必须增加一层关系，即各学校学院部门与大学城管委会之间的协调关系，各类管理工作与活动除了考虑本校的相关特色外，还应与大学城管委会协调，通过管委会与大学城内其他高校协调，使其活动或管理产生更大的规模效应。

4. 根据学生社区职能，设立相应的管理机构

从人事角度处理，在大学城管理总委、分委、支委上各自安排人员以执行这三大职能。学生社区管理支委设学生社区区长一名，副区长一名，志愿者队长一名，也可根据实际情况适当增加管理人员数量，从而形成学生社区区长、志愿者队长、楼长、寝室长为主的学生社区管理基层机构。校院级学生社区管理机构可在原有学生寝室管理机构（例如寝管会）的基础上合理增加或加强学生社区的相应职能（例如学生权利维护等）。这种管理方式并未对原有的学生管理结构作大幅度的调整，从而使其更具有现实的可行性。学校、学院、楼层（或公寓）三级管理有助于发挥三者的不同优势，校学工部、院学工办和院学生会的介入使学区工作顺利的纳入原有学生工作轨迹，从而保证原有学生工作的连续性，方便学校相关部门对学区工作进行帮扶指导。当然这种管理布局也不是适合所有院校，对于学分制下学生打破专业界线随机生成寝室成员的高校，这种方式便不适用了。对此，还有一种更加彻底的解决办法，即在学生会组织直接设立在各个学区之上，由校学区管理委员会和校团委直接指导各个学生社区的工作。

5. 制度和机构设置要同步

为了学生社区工作的顺利开展，制定诸如《学生社区居民公约》《学生寝室管理条例》《学生社区安全保卫制度》《干部教师联系学生社区制度》等相关制度是必需的。但从目前学生工作的状态来看，能否保障学生社区管理委员会具有相应的学区管理权利，能否保障学生作为学区居民与学校、后勤等部门具有平等对话的权利以及能否保障学生通过民主渠道参与学区乃至学校

相关事务是影响学区生命力的决定性因素。

6. 细化管理规章，解决管理的薄弱环节

这对于多所学校组成的大学城管理尤为重要。一定要通过管理规章的细化与统一，解决不同学校在管理上的疏漏，杜绝那种利用不同学校管理体制上的疏漏而达到使某种不合理现象得以生存发展以致酿成大事故的现象发生。

现阶段，各地的学生社区建设面临许多新问题：学生社区规划问题，党的组织问题，学生社团活动如何与学区管理结合，学区矛盾与纠纷是否应用法律手段解决等，这些问题都会现实地摆在我们面前。但无疑实行学区管理是符合高校教育规律的，它体现了思想政治教育与规律工作相结合，融于学生具体生活实践的德育原则，提高了学生工作的规律层次，有利于学生自立、自主、自强意识的培养，有利于为社会培养具有现代人文意识、现代生活观念的社会主义新型公民。

第二节 高校学生社会实践规范化管理创新

一、大学生社会实践的重要意义

（一）大学生社会实践的含义

高等学校对人才的培养途径是多种多样的，正确引导学生参加社会实践就是其中重要的一种。在早期的大学里，人才的培养主要是通过在课堂上系统地传授理论知识来达到的。随着社会生产力的不断提高和发展，对教育和人才培养也提出了新的目标，这种仅仅靠传授理论知识的方式已渐渐显得不适应。因为现代化的生产过程不仅要求人才掌握大量的理论知识，而且还应该具有较强的动手和创造能力，具有科学的社会观和责任感，具有较高的道德素质和心理素质，这些方面仅仅靠课堂教学是难以完成的：所以，现代工业产生后，社会实践就作为一种重要的教育方式被引进大学的教育过程，其重要作用日益引起人们尤其是教育工作者的重视。

大学生社会实践是一种以实践的方式实现高等教育目标的教育形式，是高等学校学生有目的、有计划地深入现实社会，参与具体的生产劳动和社会生活，以了解社会、增长知识技能、养成正确的社会意识和人生观的活动过程。大学生社会实践是高等学校教育活动的重要环节，它与课堂教育相辅相成，共同完成高校的人才培养任务，实现学生的全面发展。

（二）大学生社会实践的重要意义

1.是大学生树立科学世界观的需要

世界观是人们对世界的一般看法和根本观点。任何正常的人在其生活的过程中都会形成自己的世界观，但由于个人生活环境、所受的教育和影响不同，人的世界观也有很大差异总的来说，世界观有正确和错误之分，而将正确的世界观理论化、系统化就成为科学的世界观怎样保证大学生形成正确的世界观并使之科学化呢？主要靠两个方面的努力：一是大学生要经常与社会接触，不断突破事物的表面现象，深入事物的本质，从而不断校正原来从现象上获得的肤浅的或错误的认识，使自己的认识符合事物的本质及规律；二是要对大学生进行系统的思维训练，通过学习前人正确的世界观理论，了解人们在世界观上容易走上歧途的种种可能，让大学生对自己的世界观进行经常的反思，并不断地充实新的科学的内容。因而社会实践对大学生建立科学世界观很有必要。

（1）参加社会实践活动是大学生确立唯物主义历史观的需要。大学生正处于青年时代，可塑性很强，是世界观、社会历史观形成的关键阶段。大学生系统的专业知识学习和思维训练，对于形成唯物主义历史观固然是大有帮助的。但就目前情况看，在校大学生年龄普遍较小，接触社会的机会不多，社会经验不足，大部分同学对社会的看法简单化、片面化、理想化，这对大学生形成正确的历史观十分不利。克服这一不利的根本途径就是让大学生走出校门，深入社会生活，在社会实践中了解社会，从实践中发现真理，在实践中发展真理。这样，才能使他们的历史观与现实生活相符合。

当然，社会实践中接触的都是具体的社会事物，不可能通过一两次实践就改变了对社会历史的看法。不过，处在形成过程中的大学生的历史观是容易发生变化的，一旦接触了较多的社会事物，加之正确的引导，就会使他们的历史观发生转变。我们知道，只从政治理论课上学习历史唯物论只能学到"知识"，而要使知识转化为信念，使所学的理论真正转化为学生的历史观，必须通过社会实践。

（2）参加社会实践活动是建立科学的人生价值观的需要。正如马克思主义哲学原理教科书中所指出的，"共产主义世界观和人生观又不是仅仅在书斋里、课堂上所能完全树立起来的，还要在生活实践中经受各种锤炼"。马克思、恩格斯的人生观转变不是在课堂上，而是在社会实践中。刘胡兰、王进喜、郑培民、任长霞等英雄人物的人生观也不是仅仅从书本上学到的，当代大学生的人生观形成也是如此。通过开展大学生社会实践活动，我们发现社会实践活动对大学生形成科学人生观至少有如下的作用：首先，它可以帮助大学生摒除理想中不符合实际的因素，使他们正确对待个人与社会的关系，培养踏踏实实的工作作风；其次，它可以帮助大学生树立坚强的意志，培养无私奉献的精神；最后，它可以帮助大学生接近群众，深入群众，为走与群众相结合的道路打下良好的基础。

（3）参加社会实践活动是培养社会主义信仰的需要。大学生在不久的将来，就会踏上工作岗位，成为祖国的栋梁之材，肩负起全面建设小康社会和实现中华民族伟大复兴的历史使命。因此，在当今西方敌对势力加紧实施"和平演变"的新形势下，培养大学生的社会主义信仰是大学生思想政治教育的首要任务。而对社会主义的感情仅靠读书是得不到的，必须通过对社会主义给中国带来的巨大变化、给广大人民带来的实惠中亲身感受和体验。

2. 是提高大学生能力的需要

当代大学生在一定程度上存在着眼高手低、忽视社会实践、脱离群众、动手能力弱等不足，而积极踊跃地参加社会实践活动，有利于弥补大学生的这些不足。当代大学生绝大多数是在学校的围墙中长大的，而且越来越"小龄化"，大都走的是从小学到中学再跨入大学的升学之路，从而造成他们的社会阅历浅，社会经验少，实践经验匮乏等弱点。受片面追求升学率的思想影响，许多学生只注意书本，不注意社会实践，"高分低能"的状况比较严重。这严重影响了他们在各项建设事业中发挥作用，延缓了他们成才的进程怎样才能缩短这一距离呢？实践是唯一桥梁。只有通过实践活动，才能使书本知识与实践操作合二为一。事实证明，通过开展社会调查、科技咨询、信息服务、义务劳动等社会实践活动，不仅可以使学生的智力资源得到直接的、有效的开发，达到分数与能力的统一，书本知识与实践的结合，还可以使个性不同的学生通过实践活动各获所求，各取所需，"缺什么，补什么"，从而有效地完善了现行的教学方法，弥补了大学生自身的弱点和不足。

3. 是知识分子与工农群众相结合的需要

回顾历史，凡是有所作为，有所创造的青年和知识分子无不投入到轰轰烈烈的社会实践中。许许多多的政治家、经济学家、教育家、军事家、文学家等都是在社会实践活动中茁壮成长起来的。他们在实践中身体力行，为我们提供了光辉的典范。可以断言，如果列宁同志、毛泽东同志不深入工农群众，不投入革命实践，他们就不会创新马克思主义，使无产阶级革命首先在资本主义统治薄弱的国家取得胜利，也不可能在半封建半殖民地国家取得新民主主义革命的胜利。所以，只有广泛、深入参加社会实践活动，和广大工农群众相结合，才是大学生健康成长之路。

4.是全面建成小康社会、实现社会主义现代化建设的需要

当代的大学生,将成为21世纪初期我国社会主义现代化建设的骨干力量,按照党中央制定的"十一五"规划和到2020年的奋斗目标,我们国家的社会主义建设任重而道远。大学生参加社会实践,可以在社会主义物质文明、精神文明、政治文明建设中大显身手,在专业知识社会实践和树文明新风的社会实践中促进经济、政治、文化的平衡发展,从而为全面建设小康社会起到积极的推动作用。

5.是大学生社会化的需要

社会化是指个人与社会生活不断调适,使个人由"自然人"发展为"社会人"的过程。大学生正处于社会化的最后阶段,显然,在许多方面已趋向成熟,但为了适应社会生活,仍需进一步学习。社会实践可以增强大学生的社会责任感。很多高校组织学生到基层开展社会实践活动,使同学们提高了对改革的复杂性、艰巨性的认识,增强了他们的社会责任感。在社会实践中,越来越多的大学生认识到,社会需要的不是冷漠的旁观者,也不是抱同情心的捧场者,而需要的是热情的、直接参加这项伟大建设工程的人。通过社会实践,许多大学生克服了原来自视清高的习气,自觉并充满激情地投入到学习、生活和工作中。社会实践可以推进大学生实现社会角色转变。社会实践活动能够帮助大学生找到自己和社会要求之间的差距,看到自身知识和素质上的缺陷,启发学生对自己进行重新认识和正确估价,促使学生从过去的"唯我独尊"的幻想回到现实,重新确立自我价值实现的基点,在纷繁复杂的社会中找到个人和社会的最佳结合点。社会实践可以促使大学生与长辈们沟通代际关系。由于当前一些大学生图安逸怕吃苦,自视清高;反过来,却认为他们的父辈过于保守、正统。两代人之间形成了一层无形的隔膜,究其原因,主要在于有些大学生缺少对他们父辈的了解,他们看不起父辈们那种思维方法和生活方式。在社会实践中,大学生以普通劳动者的身份,直接参加社会财富的创造活动,培养了他们尊重劳动成果、尊重父辈们的思想感情。总之,在社会实践中,两代人之间可以相互沟通和相互理解,彼此消除对对方的偏见,进而有效地促进两代人之间的有机结合。

二、大学生社会实践的发展趋势

(一)实践活动的社会化

大学生社会实践活动,作为教育活动的主要形式之一,具有三个基本的构成要素,即实践活动组织者、实践活动本体和实践活动主体。因而,实践

活动的社会化，也由这三个构成要素的社会化来组成。而这三个构成要素的社会化，则分别有其不同的含义。实践组织者的社会化，是指动员全社会的力量来关心、组织大学生的社会实践活动，这是实践活动社会化的基本条件；实践本体的社会化，是指具体实践活动过程的内容与形式，必须以社会需要和社会所提供的条件为基础，这是实践活动社会化的重要途径；实践主体的社会化，是指通过实践活动，把社会的价值体系内化为实践参加者（大学生）的价值体系，使之成为高度合格的社会成员，这是实践活动社会化的根本目的。中此可见，实践活动的社会化，就是指动员全社会的力量，组织以社会需要和社会所提供的条件为基础的实践活动，达到把大学生培养成为高度合格的社会成员的目的。

1. 实践活动组织者的社会化

从近年大学生社会实践的实际情况来看，社会实践活动凡是得到社会各界支持的，一般都取得了较好的成绩。但从发展的角度来看，当前社会实践活动社会化的程度还远远适应不了进一步发展社会实践活动的要求。社会实践活动的深入开展必然会出现人数多、空间广、时间长、效率高、内容实的特征，而这些特征的出现，必然依赖于社会各方更多的支持。

实践活动必须得到党和政府的支持。党和政府对人才的培养具有不可推卸的责任，且在人才培养方面占据重要地位。大学生的社会实践活动，作为国家培养高层次人才的重要环节，必定会受到党和政府的关心和支持。实践活动必须得到高校自身的支持。高校作为教育培养大学生的责任承担者，具有最直接组织学生社会实践活动的优势，而组织学生社会实践活动，又是高校完成人才培养任务的重要手段。因此，高校在组织大学生社会实践的过程中，应积极地起到主导作用。实践活动必须取得社会团体和企事业单位的支持。通过社会团体来支持社会实践活动，才能调动更多的人来支持实践活动；企事业单位作为大学生未来的工作场所，具有作为社会实践活动基地的现实意义，而实践活动在企事业单位开展，又必须有企事业单位提供的种种便利条件。

2. 实践活动本体的社会化

实践活动本体是大学生有目的地与外界不断发展的现状发生联系，并相互作用的具体实践过程。这一过程是大学生不断强化自身本质力量，促进自身全方位社会化的重要途径。实践活动本体的社会化，正是指这一过程的内容和形式，必须以社会的需要和社会所提供的条件为基础。实践活动本体的社会化，应建立围绕教学的实践与其他方面的实践有机结合的理想目标模式。

围绕教学的实践主要包括教学实验和教学实习等。这是一种配合课堂教学而进行的实践活动，它直接与学生所学知识以及自身具备的能力发生联系，是初级阶段运用最多、群众性最强的实践活动，也是学生进行其他方面高层次实验的能力准备环节。我们不应当过分追求其他方面的实践而忽视教学实验和教学实习。其他方面的实践包括社会考察、社会服务、勤工助学等。这是间接地与学生所学知识和自身具备的能力发生联系，也是学生围绕教学进行实践的成果检验。这些方面实践的主要形式有社会调研、参观访问、旅游观光、技术培训、咨询服务、社会宣传、科技开发、挂职锻炼等。由于这些方面的实践和社会联系得更紧密，一般较受学生的欢迎，但必须注意使之在时间、资金、人力上同围绕教学的实践互不干扰，在学校统一布置的基础上使两者达到和谐的统一。

3. 实践活动主体的社会化

实践活动主体的社会化，实际上要完成的是大学生社会化的加速，是要将大学生培养成为高素质的社会成员，是要通过社会实践使大学生更快地在社会中汲取社会能量和获得社会信息，并通过各方面的自我调适，增强自身的能力和素质，完成自身全方位的社会化。而促进实践主体的社会化，必须注意以下几个方面：

第一，实践主体自身系统应具有开放性。开放性系统要求大学生不能在自我封闭的状态下自我满足，而是必须同自身周围的实践环境进行物质、能量和信息的交换，并依靠这种交换保证自身由不稳定向相对稳定过渡。而这种开放性，不仅要求大学生确定"当今天下，舍我其谁"的高度责任感，而且要求大学生必须具备敏锐的对外界事物接收、分析、处理和运用的能力，从而使自己在实践中不断得到发展和提高。

第二，实践主体应不断进行自身角色的调适。我们知道，大学生的实践角色与其社会期望角色之间，总有一定的角色差距。而大学生在实践过程中，由于自身是一个开放系统，就能够认识到这种差距并调整自己的学习和实践，从而使自己的角色得以实现，使自己大学阶段社会实践中的社会化任务得以允成。

第三，实践主体应促成自身个性的形成。个性化是社会化的一个高层次组成部分，社会化中如果没有个性化的存在，就会变成统一化和模式化，就只能造就墨守成规、死读书本的书斋先生，就会使人失去改造社会的生机和活力，失去创造性和开拓性。因此，大学生在社会实践中，应勇于思考、敢于发现、认真锻炼，促进自身个性的形成。

（二）实践制度的规范化

实践制度规范化的目的，是为了使社会实践活动做到有章可循、有据可依，保证社会实践活动持续有效地开展。它的标志，是富有权威、系统全面、切实可行并具有自我发展机制的实践制度体系的建立。

1. 实践制度的规范化是社会实践活动发展的必然趋势

人的思想认识不能代替规章制度，没有完善的、系统的规章制度，不注意实践制度的规范化，只凭各级实践组织者的临时决策组织实践活动，决策正确，则可促进实践成果的取得；决策失误，往往会阻碍实践的深入。因此，要保证社会实践持续稳定的发展，必须改变人治局面，完善实践制度。当前加强实践制度的规范化工作，不仅非常迫切，而且非常必要。首先，加强实践制度的规范化工作，有利于促使全社会的力量来共同关心、组织大学生社会实践活动，形成全社会组织大学生社会实践活动的强大"合力"。其次，加强实践制度的规范化工作，有利于实践组织的科学化。

由于现实的实践基础已经存在，加强实践制度的规范化工作已成为可能。当前，各级党政群团组织、各个高校已开始了社会实践工作，不少企业也为实践活动的开展提供了资金、基地和其他各种方便，且近年来已制定了一些关于社会实践活动的规章制度，这些有利因素为强化实践制度的规范化奠定了较为坚实的基础。

2. 实践制度的规范化要求各级实践组织者必须制定出正确的实践制度

实践制度的规范化，绝不是各种实践制度的单独罗列，也不是各种实践制度的简单相加，而是要在各级实践组织者协同的基础上建立科学的实践制度体系。这个体系首先要求各级实践组织者正确地制定制度，同时要求制定的各种实践制度相互衔接，对于衔接不紧密的地方，应及时加以调整。

党和政府对实践制度的正确制定。在实践制度的制定方面，党和政府必须起到宏观统一管理制度制定的作用。要首先着眼于建立统一机构，实行统一规划，统一决策，统一目标，统一评价，促成社会实践活动的统一性、系统性、整体性、持续性，充分发挥社会各界的力量，保证社会实践发展的正确方向。同时党和政府作为核心的组织者，要协调各个单位部门之间的关系，激发各个单位部门的责任感与积极性。高校对实践制度的正确制定。在高校，大部分社会实践活动是由思想政治工作部门（如学生处、团委、学生会）来组织实施的。由于学校、社会的各种因素的影响，其主要利用假期进行，由于缺乏制度和支援保障，严重制约了大学生社会实践活动的深化。为改变这种状况，就必须加强高校大学生社会实践中的制度化建设。首先，高校应将社会实践活动纳入到学校教育、管理工作的体系中去，由相关职能部门组织落实；其次，将学生社会实践活动的表现以及成绩作为全面考核大学生素质的重要内容；最后，要建立相应的制度，保证教师组织参与社会实践的积极性。社会团体和企事业单位对实践制度的正确制定。在众多支持社会实践活动的社会团体（如工会、共青团、青联、学联）中，共青团起着众所周知的主导作用。在制定制度的过程中，团组织要通过量的指标确立各级团组织的组织实践任务，并通过对岗位职责的定期考核和将考核结果作为团组织的工作评价内容，来激发各级团组织和团干部组织实践活动的责任感和积极性。各级实践组织者对实践制度的共同协调。大学生社会实践活动作为系统工程，要求各级实践组织者制定的实践制度必须协调一致，对于不能衔接的地方，应予以调整。各级实践组织者必须首先注意认真学习实践组织核心即党和政府所制定的实践制度，在了解统一规划、统一决策、统一目标的基础上，制定自己的实践制度，同时加强各方的沟通和联系。

3. 实践制度规范化的标志是实践制度体系的建立

在各级实践组织者对实践制度正确制定和共同协调的基础上，实践制度必然逐渐趋于规范化，而实践制度达到规范化的标志，是富有权威、系统全面、切实可行并具有自我发展机制的实践制度体系的确立。如果能够建立起具备这样特征的实践制度体系，就标志着实践制度已达到了规范化的程度。

第三节 大学生宿舍管理探索实践

一、大学生宿舍的地位和作用

大学生宿舍是大学生日常生活与学习的重要场所，是培养和锻炼大学生自我管理、自我教育、自我服务能力，有效地开展大学生的思想教育工作的重要阵地。因此，大学生宿舍的管理是高校管理中的重要组成部分，是观察学校整体管理水平的一个窗口，务必高度重视。

（一）大学生宿舍在学生生活中的地位

学生宿舍是学生日常活动的主要场所，在大学生活中具有重要地位。扩招后，高校的办学资源改善步伐相对滞后，教室、阅览室比较紧张，其他文化、体育、娱乐活动相对不足，学生的课余时间很大一部分是在学生宿舍度过的。学生宿舍的设施是否完备、安全，环境是否整洁、优雅、舒适，服务是否周到，生活氛围是否和谐，社区文化活动是否丰富多彩，管理是否科学、规范，将直接关系到学生的日常生活质量，影响到学生生理、心理的健康成长和良好行为习惯的养成。因而，加强宿舍建设对学生的日常生活至关重要。

（二）学生宿舍在学生教育管理中的重要作用

1.学生宿舍对学生树立正确的人生观、价值观具有重要影响

学生宿舍不只是单纯意义上的休息场所，而是一个重要的育人园地。来自不同地区有着不同家庭背景和生活习惯的学生，构成了宿舍的人文环境，这是学生情感和思想比较自然、真实的地方。学生在宿舍里交往必将对各自的思想情感产生影响，在他们的交往中，或探讨人生、憧憬未来，或交流学习、谈古论今，必会有各式各样的社会思潮、信息观点等方面的交汇，并由此产生互动影响。所以，必须正确地把握学生宿舍里的思想动态，及时地给予正确启迪和引导，并通过多种方式和渠道，积极开展教育活动，引导学生明确方向，明辨是非，树立科学的世界观、人生观和价值观。

2.学生宿舍是思想政治教育和科学管理的结合点

学生宿舍作为学生在校生活的集中场所，在学生的基本道德修养、学校的教育培养目标完成方面起着重要的作用。学生在宿舍中的表现，往往与社会对人才培养的要求，与学校教育管理目标相联系。就当前大学生的精神与学习生活而言，主要存在以下一些倾向：（1）在学生的自我意识、个人价值观念方面，比较注重追求与大学教育层次相适应的知识结构和文化娱乐，而忽视从社会的需要出发来完善自己；（2）对一些水平高、影响大的活动感兴趣，也喜欢对一些深层次的社会现象、个人价值观念进行探讨，但却忽视个人劳动观念、清洁卫生习惯的养成和自我教育、自我管理、自我服务意识的培养；（3）在宿舍建设中，比较注重为自己营造一个安乐窝，而不能与整个宿舍的管理保持协调一致；（4）在宿舍人际关系方面，注重自我个性发展完善，而忽视宿舍作为一个整体应加以完善和提高；（5）同学之间交往密切，言谈举止不拘小节，学校的一些管理规章制度在宿舍成员的相互默认中得不到严格的贯彻执行，甚至有些消极的东西，如学习风气淡漠，组织纪律涣散，轻视劳动，不服从管理，挖苦先进、标榜落后等反常现象，也时有发生。

因此，学生宿舍是培养学生良好的道德行为规范，实现其德、智、体、美全面发展和实施学校教育科学管理目标的一个结合点。通过学生宿舍这个点，可以把深入细致的思想政治工作与严格的科学管理有机结合起来，深入实际地了解学生的所想、所感、所为，真正地把握学生的思想动向。

3.学生宿舍是展示校风学风建设的窗口

一所高校的校风学风如何，不仅反映在教室、图书馆、实验室里，同时

也反映在学生宿舍里。因为学生的学习态度、劳动观念、组织纪律观念、集体观念在许多情况下都反映在占他生活时间三分之一以上的寝室里面。正因为如此，学校要协调学生思想教育与管理、后勤服务、安全保卫等各方面的力量，积极探索学生宿舍中学校教育、管理、服务工作的结合点，加强学生宿舍的管理服务和思想疏导工作，既为学生创造一个宁静整齐、文明清洁的环境，也是消除学生因受其他不良影响而产生的抵触情绪的一项有力措施。针对此特点，宿舍管理必须从管理育人、服务育人出发，努力挖掘潜力，积极改善住宿生活条件，把学生视为服务的对象，让学生得到应有的尊重和关心，这是维护学校稳定的重要举措，也是创建良好校风、学风的前提，对学生的全面发展、成长成才十分关键。

二、大学生宿舍管理的体制及模式

（一）大学生宿舍管理体制概念

管理"就是在特定的环境下，对组织所拥有的资源进行有效的计划、组织、领导和控制，以便达成既定的组织目标过程"。管理不仅为实现组织目标服务，同时它还要运用组织中的各种资源来实现目标。管理工作的过程是由一系列相互关联、连续进行的活动所构成的，也是在一定环境与条件下进行的，所以，管理工作离不开特定的政治、经济、文化环境和条件，离开了特定的物质和政治文化条件来空谈管理，是不可能产生管理效果的。所谓体制，是指"国家机关、企业、事业单位等的组织制度"我国的大学生宿舍管理体制，是指在中国特色社会主义市场经济体制的现行教育体制和办学模式下，为了实现高校学生宿舍的科学管理，为学生提供良好的生活、学习环境，通过对学生实施教育、管理、服务，实现育人目的而设立的学生宿舍管理机构，在宿舍管理过程中，明确学生工作部门、后勤服务（物业管理）部门、安全保卫部门、学生政治辅导员、宿舍管理人员之间的职责和权限的划分，以及学生宿舍管理的有关规章制度、管理决策程序等。

（二）大学生宿舍管理体制的类型

随着我国改革逐步深化，尤其是高校后勤社会化的推进，学生宿舍管理体制也在不断地发展变化。就目前而言，高校学生宿舍的管理体制主要有以下几种类型：

1.行政管理体制

这种学生宿舍管理体制由后勤部门为学生提供住宿条件，学校用行政方法集权领导，分散管理，管理方式、收费标准等都由学校领导决定。在管理过程中，学生工作部门、安全保卫部门、后勤服务部门按具体的分工各负其责。行政管理体制虽是行政集权，管理有力度，但由于分散管理口多，往往出现各自为政、互相脱节的现象，管理人员与学生之间容易产生对立情绪。诚然，这种管理体制在一定的时期内曾起到积极作用，可在提倡民主、和谐的时代，存在不少弊端，有待于进一步探讨、完善。

2. 学生自我管理体制

学生自我管理体制是人本化管理在高校学生管理体制中的具化。人本管理思想是针对20世纪初泰勒的科学管理过于强调对一切作业活动的计量定额，强调严格的操作程序，而忽视了对人的管理而提出的一种人性化管理。"人本管理在知识经济时代的立足点与核心是人的知识、能力的提高和创造力的培养，它要求管理者始终坚持以人为本的观念，建立起让每一位成员都有机会施展才能的激励机制，努力营造尊重、和谐、愉快、进取的气氛"，激发人们参与管理的热情、想象力和创造力。具化到学生管理体制上，就是学生自我管理体制。学生自我管理体制通过从住宿学生中公开选聘学生宿舍管理机构的工作人员，从事管理、服务工作，从而制定相应的学生宿舍管理制度、条例、工作程序、考核及奖励办法。同时，成立学生宿舍民主管理委员会，制定民主管理制度，使民主管理委员会的民主职权与学生宿舍管理机构履行的管理职能同步，相互制约，以提高学生宿舍管理水平。学校为学生住宿提供必要条件，配备相应的设施、设备，为有效地开展学生宿舍管理工作创造条件，授予职权，给予指导，积极理顺关系，做好服务工作。学生自我管理的形式有两种：一是学生宿舍完全由学生负责经营，自我管理、自我教育、自我服务，学校给予支持、指导。深圳大学、华侨大学就是这种形式。二是学生宿舍管理由学校提供支持、帮助，保证学生宿舍管理服务正常运行的同时，学生实行自我管理、自我服务。

3. "主辅"管理体制

此种管理体制以行政管理为主、学生参与管理为辅，其形式主要有两种：一是选聘或有关部门推荐学生直接担任学生宿舍管理机构的副职或助理，协助中心主任（或科长）做好学生宿舍管理工作并由他们负责学生宿舍楼楼委会有关工作；二是由学生代表参加组成学生宿舍管委会，协助学校做好学生宿舍管理工作。"主辅"管理体制既可充分听取学生的意见和建议，锻炼学生的组织能力，又利于管理人员与学生之间沟通信息，交流感情，承认并支持学校采取的管理决定和措施。

（三）大学生宿舍的管理模式

1.学生宿舍管理模式的含义

学生宿舍管理模式是指学校对全体学生宿舍进行管理活动时，所采取的组织形式和管理方式。学生宿舍管理模式是对学生宿舍进行系统管理的前提，它要受到社会制度、学校规模和学校管理体制等多种因素的制约，管理模式是否恰当，对能否充分发挥学生宿舍管理效能，全面实现管理目标有着重要的影响。因而，各高校都十分重视对学生宿舍管理模式的探索。

2.我国的学生宿舍管理模式

在我国，目前各高校所采用的学生宿舍管理模式大致可分为以下五种类型：

（1）行政分工管理模式

此种模式是我国传统的学生宿舍管理模式，由学校各部门按其工作职能，分别负责某一单项的学生宿舍管理工作。如后勤服务部门提供宿舍、设备及维护环境卫生等；学生工作系统、校团委负责学生的思想教育工作；校保卫部门负责学生宿舍的安全。行政分工管理模式把整个学生宿舍管理工作分解成若干部分，划分细致，职责明确，有利于各专职部门形成对自己所从事工作的制度化和规范化。但是，随着学生宿舍管理工作的日益复杂化，行政分工模式越来越不适应实际工作的需要，它日益暴露出政出多门、推诿扯皮、协作性差、形不成合力等缺点。所以，它在当今学生宿舍管理中已逐渐被其他更先进、更合理的管理模式所取代。

（2）学生工作系统主管模式

这是以学生工作系统为主来管理学生宿舍的一种模式。此模式由各院（系）分管学生工作的党总支副书记或副主任、团总支书记、政治辅导员和班主任组成的学生工作领导小组，全盘兼管学生宿舍的安全、水电、卫生、维修等管理工作，后勤部门只提供物质保障。学生工作系统主管模式针对性、灵活性较强，有利于加强对学生的思想教育工作，促进学生的全面发展。但由于学生工作领导小组成员精力有限，教学、科研、宿舍管理工作很难兼顾，往往忙得团团转，却顾此失彼。因此，这种管理模式也逐渐不再采用。

（3）学生自主管理模式

这种模式要求学生自己组织起来，自己负责宿舍的安全、水电、公物维修、作息制度、卫生制度的制定和执行监督等，学校只给予学生理论上、方向上的指导和适当的经济补贴。这是充分体现学生宿舍民主性管理原则的一种模式。实现学生自主管理的主要机构是学生宿舍自我管理委员会，该委员会的成员由广大同学推举产生，报经学校批准。该委员会负责宿舍各种宣传、各种规章制度的贯彻落实、各项工作的检查评比、各种违章行为的批评处理、各种服务设施的使用及维修等一切宿舍管理活动。学生自主管理模式具有宿舍管理的针对性强、灵活性大、范围广、效益高等优点，在理论上值得推崇和肯定，但实际推行起来却因学生群体的自觉性不够，同时缺乏大批得力、过硬的学生干部而困难重重，因而只是在理论上加以肯定，在实际学生宿舍管理工作中却不常用。

（4）综合管理模式

所谓综合管理，就是以后勤服务总公司或学生工作部（处）为主管单位，学生宿舍管理科或学生宿舍管理中心为主要责任方，后勤部门、安全保卫部门、思想品德教育和学生工作部门，相关院（系、部）及参加学生宿舍管理工作的学生工作干部、管理员、保安人员等，按职责分工，相互配合，共同做好学生宿舍的管理工作。在宿舍管理过程中，行政管理、思想政治教育、经济、咨询疏导等方法和手段应交错使用，以提高学生宿舍管理的整体效能。管理的内容包括学生宿舍的卫生、治安、秩序、日常维修等，使学生宿舍内整洁美观，公共场所清洁卫生，房屋、设施、水电供应始终保持正常状况，宿舍秩序井然、舒适、文明，管理人员、服务人员、治安保卫人员积极治理宿舍环境，主动做好防火、防盗工作，及时预防和妥善处置突发事件，实现教育、管理、服务一体化。学生综合管理模式目前在我国高校学生宿舍管理中较为普遍。在新形势下，伴随着高校后勤社会化的逐步完善，学生宿舍如何更有效地发挥好教育、管理、服务三项功能，不少高校进行了有益的探索。重庆交通大学的学生社区管理模式就是其中的典型，在全国产生了较大的影响，形成了学生教育管理、物业管理、安全保卫、饮食服务"四位一体"的管理模式。

三、大学生宿舍管理的内容与方法

（一）大学生宿舍管理的内容

高校学生宿舍管理具有服务、管理、育人等三个主要功能。从宿舍管理的功能就可以明白学生宿舍管理应包括宿舍内务及卫生管理、宿舍区的治安管理、宿舍纪律与秩序、宿舍设施管理、宿舍水电气管理、宿舍电视及网络的管理等方面的内容。

（二）大学生宿舍管理的方法

学生宿舍不只是单纯意义上的休息场所，而是一个重要的育人园地。良好的宿舍环境是高校实施学生素质教育，促进学生德、智、体、美全面发展的物质保障。科学合理的规章制度会对学生起到良好的导向、规范、协调和激励作用，因此，对学生宿舍实施科学有效的管理十分重要。

就目前而言，大学生宿舍管理大致有以下几种方法：

1. 行政方法

行政方法是学校根据学生宿舍管理工作需要，设立专门的管理机构配备相应的管理人员，根据学校的校规校纪和学生宿舍管理制度、条例等，通过学生宿舍管理人员、服务人员及学生干部，用强制性行政命令、规定，直接对住宿学生进行宣传教育，增强住宿学生执行规章、制度、规范的自觉性，使宿舍管理有章可循，依法办事。行政方法是高校学生宿舍管理普遍采用的方法。为了提高学生宿舍管理行政方法的有效性，应科学运用相应的管理方式。

（1）行政命令管理方式

行政命令管理方式是凭借行政职权与权威，通过口头或书面等方式，发布必须执行的规定、决定、指示，它具有明显的强制性、权威性、直接性。对贯彻执行制度、条例、规则的职责范围、处罚规定要明确具体；对不服从管理的要有相应的纪律、制度、惩处规定与执行程序作保障，以保证管理规章制度能贯彻执行，实现有效管理；对违反条例的处理要一视同仁，对管理条例的执行做到公开、民主、公平、合理、学生宿舍管理制度、条例、规则、规范的制定要科学，既要符合国家法规、条例，又要有学生的认同，这就要求规章制度的制定，不仅应有管理人员、法律专家、主管领导，还应有规章制度的针对人——学生或学生代表参与，这样的规章制度才会有牢固的群众基础，才能得到更好的执行。在具体实施行政管理方法时，要做到制度化、规范化、程序化管理。根据高等教育规律，高校管理目标、基本原则、管理程序和学生宿舍自身规律，应制定一套包括《学生宿舍管理办法》《学生社区管理委员会工作条例》《学生宿舍公约》《各级工作人员岗位职责》《文明宿舍建设实施细则》等完整、系统的规章制度，管理服务规范和学生宿舍日常工作处理程序，并采用多种方式向学生进行宣传教育，使学生一进宿舍，就知道应当做什么，不该做什么。明确做好了按何规定受到何种奖励，违反了按何种程序哪条规定接受何种处罚。使管理服务人员和学生，都有纪可守，有章可循，建立和谐的人际关系，提高工作效率。

（2）激励方式

激励，是教育的一种方式。激励的直接着眼点在于激励学生的感情，产生良好的行为。公寓管理人员应掌握激励的艺术，不断创造条件，变换激励方式。同时，在激励过程中，开展思想品德教育活动，以对学生起到感化作用，解放思想认识问题，巩固激励成果。在学生宿舍管理工作中，其激励方法可以采用以下几种类型：一是参与管理激励。吸收学生参与管理，成立宿舍管委会，对学生宿舍实行民主管理，以激励住宿学生共同管理好宿舍的积极性和主动性。二是目标激励。每学期公布学期、学年评选文明寝室，个人标兵的数量、条件、奖励方法，以激发学生达到某一目标的驱动力。三是荣誉激励。对积极主动配合宿舍管理工作，并做出贡献的个人或集体，授予相应的荣誉，出光荣册、光荣榜，记入学生档案，为其他学生树立榜样，明确方向。四是物质激励对建立良好宿舍环境做出贡献的个人、集体，在运用上述几种激励方式的同时，要辅以物质激励。如按原定并已公布于众的标准、比例发给奖金、奖品等，激发学生参与和配合做好宿舍管理的积极性。五是情感激励。宿舍管理人员、学生社区辅导员要注意观察住宿学生的情感变化，对学生生活中的实际问题要帮助解决。如对经济困难的学生提供勤工俭学机会，对有病的学生在医疗、饮食方面给予关怀，对某些有错误思想行为或失误行为的学生有针对性地给予关心、爱护、帮助，使其树立信心。

（3）疏导教育方式

疏导，就是疏通、引导。疏导，就是要创造条件形成某种疏通机制，让大学生的某种情绪得到宣泄，就是要循循善诱，将偏差的思想、情绪引导到正确的方向上来。鉴于目前有些大学生对加强学生宿舍管理的意义不理解，有少数学生在宿舍开展经商活动，引来亲友、同学住宿，有的学校还发生过异性同宿现象，学校虽然采取行政措施，强化学生宿舍管理，但有的学生持"无所谓""管不着""我愿意"等错误态度，校方对个别严重违反学生宿舍管理条例的学生，应按校规给予严肃处理。但对大多数学生，只能在强化行政管理，加强思想教育的同时，适时采用疏导教育方式，倾听学生的意见和想法，掌握学生的心理，运用启发、商讨建议等方法，在疏导的同时进行教育，以提高学生接受宿舍管理规定、条例的自觉性。学生的合理要求尽量满足，或者创造条件分步骤实施；对学生的无理要求或者违纪行为，要严厉批评。既不能强制压服，也不能放任自流，应采取积极疏导教育的方式。对后进学生要消除心理"防线"，"晓之以理"，促进转化，以便做好学生宿舍管理工作。

2. 经济方法

经济方法是经济组织利用物质利益来影响所属人员行为并使之与组织目标相一致的一种管理方法。随着教育体制改革的深化，学生宿舍管理应加强高校经济核算，提高教育投资效益，对学生适当采用经济方法进行管理，如对学生收取学杂费、住宿管理费等，同时变助学金为奖学金、贷学金。入学时学生先交费后注册，不交费或严重违反宿舍管理规定的，学校不准其在学生宿舍住宿；将住宿学生在公寓的表现作为道德操行，实施考评德育分与评奖学金挂钩；在宿舍日常管理中，核定水、电用量，超指标加价收费，减少水、电浪费；为防止损坏公物，学生住宿时每人交一定数额的押金，损坏公物扣款赔偿等都是宿舍的经济管理方法。

总之，适当运用经济方法有利于完善学校及学生宿舍管理职能。但经济方法不是万能的，作为国家主管主办的高等学校，不能过分强调以经济制裁为手段进行宿舍管理。对学生的收费要适度，对损坏公物要酌情赔偿，对违反规定的处理要合情合理，严格控制，避免处理过当。

（三）大学生宿舍管理的心理咨询方法

大学生正处于青年时期，存在着青年的特点和青年知识分子的特点。学习竞争的激烈，就业形势的严峻，爱情问题上的不如意，因与同学交往产生障碍而导致的焦虑，部分同学经济上存在的压力和家庭教育的不当等，都导致了当前高等院校部分学生在心理上存在这样那样的问题。有的导致精神分裂症，有的甚至因绝望而自杀轻生，如此等等，不一而足。对学生管理工作者而言，这类问题是决不可轻视或忽略的。对此，校方有必要选聘有经验的、学生信得过的中老年教师、心理医生在学生宿舍开设咨询室，用社会学、心理学及医学知识、生活经验开展心理咨询健康咨询等，帮助学生解除困惑，培养积极的心态，使他们适应环境变化，树立信心，这对搞好学生宿舍管理是一个有效的辅助管理方法，也是学生宿舍管理人员参加教育过程的有效措施。

学生宿舍心理咨询方法的特点是学生由被管理的被动地位转为主动地位，而管理者（教师、医生、管理人员）由主动地位变为被动地位。学生心甘情愿地向管理者诉说自己的"遭遇""苦衷"，以求得对方的同情、理解和指导，从而使焦虑、郁闷、孤独、压抑得到某种释放和宣泄，保持心理平衡。

心理咨询方法对帮助心理有障碍、行为受挫折的学生消除消极的心态，树立信心有重要的作用。学生认为对方是自己的师长、父辈，"救命"的医生，是信得过的，心理上消除了"防卫"和"戒心"。因此，向他们阐述的道理、行为规范、健康知识能听得进，又能双向交流感情，商讨问题，有较强的针对性，利于师生建立友谊，激发学生的潜能和消除自卑、自弃心态。

学生宿舍管理中运用心理咨询方法有各种不同的方式。一般讲，单独面谈，或约几个知心朋友一起谈，或采取书信、网上交流等方式回答问题、交换意见都是可行的。也可以针对学生中普遍感兴趣，或带倾向性的问题，举办研讨会，或开设咨询课，或请有名望的专家、教授、医生做专题讲座，并当场回答学生的问题，引导学生健康成长。

第四节 高校学生奖惩制度创新

奖励与惩处，是管理者实施管理行为、实现管理目标的重要方法和手段之一。奖惩制度是高校学生管理制度体系的重要组成部分，是高校坚持社会主义办学方向、促进学生成长和成才的重要手段之一。高校学生奖惩制度，对大学生在校期间的思想、行为导向有着直接的影响。可以说，高校制定的学生奖惩制度，在很大程度上反映和表明了学校提倡什么、反对什么，具有明确的指向性和导向性。因此，在严格遵循国家法律、法规以及教育行政主管部门要求的前提下，规划、制定、执行好学生奖惩管理制度，对于激励学生成长、成才，把学生的思想和言行约束在社会、国家、学校以及大学生群体允许的范围之内，具有十分重要的现实意义。

一、我国高校学生奖惩管理的现状

我国高校学生管理制度经历了较为漫长的发展过程。经过六十多年的曲折发展，我国基本上形成了特色鲜明、体系健全的学生奖惩制度体系。

（一）我国高校学生奖惩制度的发展沿革

我国高校学生奖惩制度主要经过了以下几个重要发展时期。

新中国成立初期至 20 世纪 60 年代初，是我国高校学生管理制度的初创时期。这一阶段的学生管理制度建设，主要是对学生学籍管理的主要方面根据需要分别予以规定。"文革"时期，我国高校学生管理制度遭到严重破坏，学生的奖惩管理也严重失范。1977 年我国重新恢复高考制度，学生管理制度需要全面恢复、建立和加强，为此，原教育部于 1978 年 12 月 13 日颁布了《高等学校学生学籍管理的暂行规定》，对学生学籍管理的各个环节进行了系统的梳理和规范，它是我国第一份系统规范高校学生学籍管理的规范性文件，也是我国第一份系统规范高校学生管理的规范性文件。经过不断充实和完善，原教育部于 1983 年 1 月 20 日颁布了《全日制普通高等学校学生学籍管理办法》，该办法是对新中国成立以来我国高校学生学籍管理实践的理性总结，是我国高校学生管理制度建设的重要成果。从某种意义上讲，是我国精英型高等教育学生学籍管理的范式。

20 世纪 80 年代末 90 年代初，是我国高校学生管理制度初步法制化和全面建设时期。其主要标志是：1.1990 年 1 月 20 日原国家教育委员会以规章的形式颁布了《普通高等学校学生管理规定》，该规定是具有相应法律效力的行政规章，在学生的奖惩方面也做了比较详细的规定。1995 年颁布的《中华人民共和国教育法》和 1998 年颁布的《中华人民共和国高等教育法》以法律的形式赋予了学校对受教育者进行学籍管理、实施奖励或者处分的权利。2. 在这一时期，国家出台了一系列有关高校学生管理的配套文件。如原国家教育委员会于 1989 年 11 月 17 日颁布的《高等学校学生行为准则（试行）》，1990 年 9 月 18 日颁布的《高等学校学生安全教育及管理暂行规定》，1993 年 12 月 29 日颁布的《普通高等教育学历证书管理暂行规定》及其实施细则和 1995 年颁布的《研究生学籍管理规定》。进入 21 世纪，随着我国高等教育的发展变化和法制化建设的逐步完善，1990 年原国家教委颁布的《普通高等学校学生管理规定》显露出了诸多不适应之处。教育部根据我国社会和高等教育发展的需要，经过多年的修改，多方征求意见，数十次易稿，于 2005 年 3 月 25 日颁布了新的《普通高等学校学生管理规定》，其中涉及学生奖惩，尤其在学生违纪处理部分做了重大修改，确立了一系列依法治校、维护学生合法权益的新规则，主要有四点：一是明确了学生的权利与义务，二是更加明确了学生违纪处分的标准，三是更加规范了学生的违纪处理程序，四是确立了学生的权益救济制度。

（二）高校学生奖惩制度创新的背景

高校学生奖惩制度的创新，是依法治校的必然要求。我国在由计划经济体制向市场经济体制的转变过程中，逐步确立了大学的法律地位，我国高等教育法明确了高校的法人资格，并规定了公立高校实行党委领导下的校长负责制，一方面赋予了高校诸多的办学自主权，另一方面也强化了对高校管理的监督。这种监督体系中，一个重要的方面就是法制监督，要求高校的一切管理制度和管理行为必须在国家法制的框架内制定和实施，不能随意超越国家的法律制度，更不能违背国家的法律规定，提高学校管理的法治化水平，做到有法可依、有章可循而法治的总体趋势是保障公民权利、限制公共权力、增进公共福利和实现社会公正。因此，高校学生奖惩制度首先要根据这种法治理念，改变过去只重视学校公权使用，忽视学生私权维护的状况，在赋予学校公权与限制学校权力之间寻求平衡点，并把它作为学生奖惩制度设计创新的突破口。高校学生奖惩制度的创新，是当前大学学生管理实务中面临的诸多问题的现实需求。高校屡屡被其学子推上被告席已成为社会各界关注的热点、难点问题之一。面临越来越多的校生之间的司法纠纷，教育行政主管部门和高校开始反思管理制度本身，重新审视制度里某些规定的合理性和制度实施程序的合法性问题。一时间，高校学生管理问题成了热门课题，学者们不断从教育、法律、管理等视角开展研究，就学校和学生的权利与义务、高等学校的法律地位、学校与学生之间的法律关系、学校公权使用与学生私权维护、学生权益救济渠道等问题进行了广泛的讨论，提出了不少建设性观点。这些对于高校学生奖惩制度的创新都不无启发和借鉴意义。

二、正确把握大学生奖惩制度创新的几个基本理论问题

在创新高校学生奖惩制度时，我们必须首先正确把握奖惩的基本概念、奖惩的原则以及奖惩的功能等几个基本理论问题。

（一）奖惩的基本概念

1. 关于奖惩的不同释义

关于奖惩，在不同的背景和用处下有不同的解释。我们认为，"高校学生奖惩制度"所指的"奖惩"，主要包括两个方面的内容：一是奖励，二是惩处。关于"惩"的解释有不同的观点，有学者认为解释为"惩戒"更具人本精神，我们认为，高校学生奖惩制度制定的依据是高等教育法、普通高等院校学生管理规定等一系列法律、法规，它不同于一般意义上的企事业单位根据自身发展需要制定的内部管理规定，"惩戒"作为行政术语，不适合用于解释法律行为；"惩处"作为法律术语，用于解释高校依法规制定的管理规定更严谨、更具科学性。

2. 奖励与惩处

奖励，就是通过利用外部诱因，从正面肯定人的思想、行为中的积极因素，以达到调动人的积极性和创造性的目的。惩处，则是从反面否定人的思想、行为中的消极因素，根据不良行为的情节轻重和纪律规定给予教育或处理，以达到明辨是非，纠正错误，促进转化的目的。

3. 奖惩激励

所谓奖惩激励，就是通过奖励和惩处的手段来调动人的积极性或限制其错误行为。从管理学的角度看，奖励与惩处的目的均在于激励被管理者在特定群体、特定组织系统中发挥积极作用，为完成群体所在组织的共同目标做出良好的成绩。通过正激励与负激励，影响人们的内在需要与动机，从而强化、引导或改变人们行为的反复过程。

高校学生奖惩激励，是指通过奖励和惩处这两个外部条件来调节、规范和促进大学生在思想、言论和行为上按照党的教育方针、高校学生管理规定

和大学生行为准则等去实践。

4. 奖惩制度

高校学生奖惩制度，是指为实施奖惩激励，由教育管理部门或高等学校通过一定的程序而制定的一系列规章、条例等从高校学生奖惩制度调节的范畴看，高校学生奖惩制度所调节的是高校这一特定法人与作为受教育者的公民之间的关系。在这个意义上，我们认为，用"惩处"这一法律术语比用"惩戒"这一行政术语来解释"高校学生奖惩制度"中的"惩"更为合适。

（二）高校学生奖惩制度实施的原则

高校学生奖惩制度的实施，应体现公开平等、准确适度、适时适境、管理与教育相结合、民主合法、反馈发展等六个基本原则。

1. 公开平等原则

公开平等是公正的前提和基础，也是一切制度化、规范化管理的基本要求。只有公开的，才是广大学生能够参与的；只有平等的，才是绝大多数人能够接受的。公开要求我们在规章制度推出后，要大力宣传并组织全体学生学习讨论，明确奖惩结构与意义，了解具体内容和实施办法，从而使他们既明白自己的权利，也知道应该履行的义务，提高参与意识和热情。奖惩结果要公开布告，便于学生监督，有利于结果的公正可信，也有利于学生更好地了解比照，达到激励和警示的目的。平等要求我们严格按照条例规定和程序办事，不能因人而异，要体现全体学生的共同利益。

2. 准确适度原则

奖惩不准确会导致群体内部产生不健康的道德关系和社会心理关系。获奖者没威信，不能让人信服；受处分者有人同情叫屈，不能在心理上产生震动。因此，实行奖惩时必须对奖惩对象和事件进行深入、细致、充分的调查了解，掌握第一手材料，以客观事实为依据，以相应的规章制度为准绳，绝不能言过其实、夸大功过。

3. 适时适境原则

在时间方面，要善于正确运用及时性强化和延缓性强化。对于奖励和大多数违纪事件的查处，要迅速及时，奖励能收到"趁热打铁"的良好效果；处分能控制歪风邪气事件和人数的增加，以免造成"法不责众"的尴尬。对于一些学生因冲动和无意的违纪行为，要尊重学生自尊和正当的心理需求，避免因"热处理"不当而产生差错和负效应。要根据奖惩性质和层次的不同，注意选择、利用和创造合适的环境，以期学生产生最佳的心理效应，增强奖惩教育的感染辐射效果。

4. 管理与教育相结合原则

高校学生管理要贯彻育人为本的原则。在奖惩过程中要坚持把宣传、教育和疏导作为一条贯穿于全过程的主线，对行为主体进行细致准确的教育引导，还要善于举一反三，通过正反两方面典型例子的分析解剖对其他学生进行宣传教育，使学校的规章制度真正在学生身上入耳、入脑，从而能自觉地"见贤思齐""见不贤而内自省"，达到表彰一个带动一片，处理一个教育一批的效果。

5. 民主合法原则

奖惩工作要遵循民主的原则，符合和保护广大学生的根本利益，要把教育者的指导作用和民主平等的双向交流很好地结合起来，使教育对象在心情舒畅、心悦诚服的心境中接受教育和感染，教育者也从中得到有益的启发。随着社会主义法制的不断完善，大学生的法制观念也在不断加强，他们已越来越懂得用法律来保护自己的合法权益，因此，我们在制定、执行各项规章制度时必须符合法律规定，同国家的法律、法规保持一致，不得抵触。

6. 反馈发展原则

奖惩工作的最终目的是为了在学生中形成比、学、赶、帮、超的积极向上风气。人的品行是一个不断发展、变化和完善的动态过程，从整个思想政治教育的过程来说，一次奖惩结果既是前一段的终点，又是新的教育过程的起点。建立反馈机制，收集反馈信息是落实奖惩效果、提高教育作用水平的重要环节。螺旋式、波浪形前进是学生成长成才的客观规律，我们要用全面发展的眼光看待每一个学生。同时，高等教育改革和发展迅速，高校的合并联合、完全学分制的推出、走读制和后勤管理社会化的实行等都对学生管理工作提出了许多新的问题，需要我们不断深入进行调研分析，不断修改完善学生管理规章制度，以适应社会发展对学校工作的要求。

（三）高校学生奖惩激励的功能

高校学生奖惩的主要功能包括以下四个方面：

1. 导向功能

奖惩系统的一系列条文规章，既是学生在校学习生活的行为规范，又是高校办学指导方针、办学任务目标、人才培养规格要求的具体体现，因此，无论是组织学习和宣传奖惩条例，还是实施奖惩管理的过程，都鲜明地表达了我们鼓励和倡导什么，反对和制约什么，给学生指明了明确的努力目标和方向，提出了应注意克服和避免的薄弱环节，对学生群体的思想观念和行为习惯有重要的导向性作用。

2.管理功能

奖惩制度作为大学生管理系统的规章制度之一，是对大学生的学习求知、社区生活、文化娱乐、素质发展等进行能动管理的重要依据奖惩工作能否紧紧围绕育人目标有效开展，直接影响到正常的校园秩序的维护，良好的育人环境氛围的营造，积极向上的校风学风的建设等。

3.比照功能

大学生虽然年龄相近，有相似的成长经历和思维方式，但由于成长的环境和具体过程不尽相同，从而形成了思想观念、心理状况、人格特征的差异性，兴趣爱好的广泛性，知识水平和言行修养的层次性。"榜样是无声的号角""以人为镜，可明得失"，奖惩工作的开展，树立了正反两方面的典型，因而使每个学生都可从别人的举止中得到启发，进行自我解剖与对照，扬长避短，在自我比照中日臻完善。

（四）高校学生奖惩激励的心理机制

有效的管理制度离不开被管理者在心理上对制度本身及其实施过程、结果的认知度和认同度。换言之，高校学生奖惩制度效用的发挥离不开与之相适应的奖惩激励心理机制。

1.学生奖励的心理策略

分析表明，由于及时的强化很容易使被测试者把活动和结果结合起来，并认识到反应与强化的相依关系，一旦他们察觉到自己活动的结果（尤其是他们期望的结果）或认识到反应与强化的相依关系，他们的活动积极性就会大大增强。因此，对学生的奖励要力求及时完成，这样会取得相当好的效果奖励过程中可采取定期奖励与不定期奖励相结合的方式，奖励必须符合学生的需要。同时，奖励也不能滥用，大学生本可以兴趣盎然地进行某种活动，如果给他们一定的报酬，那么在后来得不到报酬的情况下，他们就会失去对这些活动的浓厚兴趣。过度的奖励会使学生产生对奖励的依赖心理，不必要的奖励会削弱学生的内在学习动力。学生内在的学习兴趣是真正的动力，具有稳定而强烈的作用，是最宝贵的如果学生没有形成自发的内在学习动力，教师采用外界激励的方式，达到推动学生学习积极性的目的，这种奖励是必要的；如果学习活动本身已经使学生感到很有兴趣，此时再给学生奖励，就会画蛇添足，其结果不仅不能提高学生的学习积极性，反而会使学生原有的学习热情降低。

2.学生惩处的心理策略

第一，实施惩处要及时如果实施惩罚同学生的违禁行为同时进行，则学生的这种违禁行为一开始就同焦虑、恐惧联系，从而使学生为避免焦虑或恐惧就不得不及早终止违禁行为。如果在学生的错误行为发生后进行惩罚，则效果会明显降低，尽管因行为的结果受到惩罚而体验到痛苦，但如果过程是吸引人的，则这种行为下次发生的可能性仍然较大如果在学生的错误行为发生后很长一段时间内都不对学生的错误行为进行惩罚，则会产生更多的负面影响。第二，实施惩处要适度。一般认为，较轻的惩罚不如较重的惩罚有效，但是实践证明一些较重的惩罚却往往会带来一些不良后果，因此在实施惩罚时要有度，心理学家称之为"阈值"。低于阈值的惩罚，对学生不起作用；高于"阈值"又会使学生的积极性变得脆弱或引起学生的焦虑。第三，实施惩处要准确。对学生进行惩罚的负面影响予以准确的界定，要对学生的错误行为及产生的后果，分类采取合适的惩罚方式，要把握惩罚的准确度，这样才能使学生心服口服，惩罚的效果才会体现出来。第四，实施惩处要一致。对学生的惩罚采用的标准和方式要一致，要具有连贯性和长期性，不能因对象、环境等因素的变化而采用不同的标准和方式。如果随意变化，惩罚就很难维持下去，也丧失其存在的价值。第五，实施惩处要与讲清道理相结合。说理的作用就在于使受罚者进一步体验到认知上的不协调，从而增大态度转变的心理压力。因此，在实施惩罚的同时晓之以情、动之以理，会提高惩罚的有效性。第六，实施惩处时要注意掌握度，不能滥施惩罚。过度惩罚会使学生产生恐惧心理，导致退缩、逃避及说谎行为的发生；会使学生产生压抑心理，从而有碍智力及创造力的健康发展。不当惩罚会降低学生的"内在惩罚"力度，会使学生产生对抗心理，导致师生关系的紧张。

三、创新高校学生奖惩制度应处理好的几个关系

高校学生管理制度创新是一个庞大、复杂的系统工程。在构建和谐社会，强调依法治校，倡导以人为本的现代社会，创新高校学生管理制度首先要正确处理好以下四个方面的关系。

（一）正确处理法治介入与大学独立和自治之间的关系

大多数法学学者对高校学生管理法治介入持一种积极与肯定的态度，但学术界对此观点存在不同的声音，即：担心外部权力借此机会，以司法的名义干涉大学的独立，对学术自由与独立产生某种不良的影响。这种担心或反对，所要表达的实质就是如何正确处理法治介入与大学独立和学术自治这一对矛盾。换言之，就是高校学生管理工作在法治介入下如何区别对待行政权力和学术权力的问题。

　　不可否认，在教育、科研领域，别是在学术事务和学术管理活动较多的高等教育领域中，存在着学术权力与行政权力并存的现象。在高校组织内部，既有以校长为首的行政权力，又有以著名专家学者群为代表的学术权力。例如，在学校、教师与学生的关系中，教师根据什么来判定学生的成绩？

　　这个成绩很可能关系到学生能否毕业，关系到学生受教育的权利能否进一步实现以至影响学生的生存权与发展权。学位答辩委员会又根据什么来判定一篇论文能否获得通过？而通过与否，又直接关系到答辩人能否获得学位，同样关系到其受教育权利的实现及其未来的生存与发展。在学校与教师的关系中，评定教师职称或导师资格的组织根据什么来判定一名教师的学术水平？显然，以学术为背景的支配与被支配、控制与被控制的现象是普遍的，权力作为一种职责范围内的支配力量，在有关学术评价的问题上是客观存在的。正如克拉克先生所言："专业的和学者的专门知识是一种至关重要的独特的权力形式，它授予某些人以某种方式支配他人的权力。"

　　学术权力与行政权力两者有着本质的区别。学术权力是以学术和具有学术能力的专家为背景的，其行使依赖于行使者的学术水平和学术能力，而不是来源于职务和组织。换言之，学术权力的存在与否，依赖于专家的性质及其学术背景而不依赖于组织和任命。学术权力产生于"学术权利"及其民主形式，它包括个人的学术权利及由享有学术权利的个人集合而成的组织；行政权力则只能产生于制度和正式组织。学术权力有时通过行政权力加以确认和形式化，但行政权力即使在被赋予管理学术事务的职能时，仍不具有学术权力。学术权力具有可比性。当学术权威以个体形式表现时，其学术权力的大小是以其学术能力的高低来衡量的，即个体的学术修养、学术成就、学术经验和学术品格等都会构成衡量指数，行政权力的大小，则取决于该行政权力组织在整个管理教育系统中的层次与位置，而不决定于该组织中或相应位置上个人能力的高低。

　　"专业权力像纯粹官僚权力一样，被认为是产生于普遍的和非个人的标准。但这种标准不是来自正式组织而是来自专业。它被认为是以'技术能力'而不是以正式地位导致的官方能力为基础的"承认并尊重学术权力，给学术权力以应有的地位和权威，建立发挥其效能的制度保障机制，合理规范学术权力与行政权力各自发挥的领域和范围，使二者在学术管理活动中建立一种有机分工、合作与制约的关系。不承认"学术权力"的存在及其发挥作用的独特领域，势必导致把本应由学术权力发挥作用的领域让位于行政权力，使行政权力的作用陷入一种受到质疑和挑战的尴尬境地在刘某某诉北大一案中，当原告方提出"一个学界泰斗面对他所基本不懂的学科争议时，与北京大学学生五食堂的师傅并没有什么区别"的时候，他所挑战的实际上并不是北京大学学位评定委员会是否具有进行裁决的行政权力，而是对这个组织是否具有学术权力提出质疑。专家们关于学位评定委员会行使的应该是实体性审查权力，还是程序性审查权力的争论，实质上是关于学位评定委员会除了行政权力之外，有没有学术审查权力的问题，即由多学科专家所组成的学校学位评定委员会有没有学术裁决能力？由于现行法律赋予了校学位评定委员会某种程度的实体性审查权力，因此，这个问题同时是对现行学位制度合理性的质疑和挑战。显然，一个不具有学术权力的组织是无法对学术问题做出判断的。

高校学生管理工作法治介入的适度性，要求我们认清两种权力不同的运行轨迹，将法治介入的基点落在行政权力上，避免对学术权力的不当干涉。当然，按照"无救济则无权利"的法治原则，学术权力同样需要受到一定的限制和审查。但由于学术权力的高度专业性和技术性，法官只是专于诉讼程序操作和认定事实规则的技术方面，而不能超越自己的专业知识和经验，显然不适于对学术权力的审查。恰如审理刘某某诉北大案的北京海淀区法院饶亚东法官在学术沙龙上所宣称的："对于学术界的理论问题法院能否审理？通过庭审，我们的回答大家应该知道了，法院审的就是法律规定、法律程序。法院判决不能涉及学术领域，学者有自己的自由。"因此，有人提出，学术纠纷只有通过由专家组成的仲裁机构来解决。

（二）正确处理大学与政府之间的法律关系

大学法律地位的确立，实现大学与政府关系的法律化，明确大学与政府各自的权限职责，是高校学生奖惩制度的法制化建设，推进高校学生奖惩制度创新的基本条件。按照我国《教育法》和《高等教育法》的规定，高等学校具有"依法自主办学""按照章程自主管理"的权利，而同时又规定"国务院统一领导和管理全国高等教育事业"，"省、自治区、直辖市人民政府统筹协调本行政区域内的高等教育事业，管理主要为地方培养人才和国务院授权管理的高等学校"。那么，高校与政府之间究竟是一种什么样的法律关系呢？从新颁布的《普通高等学校学生管理规定》（以下简称《规定》）来看，直接涉及教育行政部门职责的有14款，概括起来主要涉及学生身份的认定、调整和改变；业务上作的开展，即对地方学校学生管理规定的审查，中央部委属学生管理规定的知晓，对属地高挖学生管理工作的指导、检查和督促；其他如学生表彰、学生申诉处理和就业服务等。这些职责也即是教育行政部门的管理权力，而其权力的直接指向就是高等学校，也即教育行政部门的权力就是高等学校应当履行的义务。但高等学校不同于其他事业单位，它作为一种特殊的公共机构，具有培养人才、研究与传播学术的特殊使命，在这方面它应该有一定的自治权，如果管得过死，就会失去高校的学术自由，这有悖于大学的宗旨和精神。因此，教育行政部门对高校的监督、指导和审查，在学术研究和评价等方面一般不过多介入，以维护学校的学术独立性。即使在一些学生管理的具体规定上，也应该留给高校足够的管理空间，如新《规定》就有5处直接明确为"由学校规定"，有13处明确为"按学校规定"执行，实际就是放权给高校按照学校办学特点自主决定学生的培养年限、评定方式、专业设置和调整、学籍管理等。

既然高校向教育行政部门履行了一定的义务时也就享有了一定的权利，义务和权利是共生的，即学生管理权。这种权利和教育行政部门的权力一样是一种公权，它们不同于私权可以自由选择或放弃，而是必须行使。高校拥有了学生管理权即在学生管理中取得了一种法律地位，这种法律地位又不同于教育行政部门或其他行政机关，是单纯的行政机构或构成行政法律关系，而是"根据公法规定而成立的法人，以公共事业为成立目的"的公法人。高校作为公法人在行使管理职能中处于行政主体的法律地位，这种法律地位一方面来自法律规定，另一方面来自政府授权，而且范围比较狭窄，仅限于学校的招生权、学位授予权、职称评审权、奖励与处分权。高校又在民事活动中依法享有民事权利，承担民事责任，因此如果高校对学生造成人身权、财产权等损害时，学生可依照《民法通则》和《民事诉讼法》提起民事诉讼。

（三）正确处理学校与学生之间的法律关系

从法律上厘清和在管理实践中确定学校与学生之间的关系，是高校学生奖惩制度创新的关键。对高校与学生之间的关系问题，学术界存在各种不同的观点。我们认为，高校与学生之间既是一种隶属型的行政法律关系，又是一种平权型的民事法律关系。我国高校作为公益事业法人，其基本职责是人才教育培养和学术研究与传播。高校为了保证自己的学术研究自由，必须要有一套相对独立的管理保障制度体系；为了促使学生向着符合社会要求的方向发展，必须对学生进行有效的组织与管理，以保证教育活动的顺利展开。因此高校与大学的关系具有两重性，一方面大学生作为受教育者和被管理者，必须接受学校的教育与管理；另一方面大学生作为国家的公民，享有法律规定的基本权利。所以，二者的关系既是教育者与被教育者、管理者与被管理者的关系，又是平等的民事主体关系。

（四）正确处理学生的权利与义务的关系

当代大学生的维权意识日益强烈，他们不再是单纯的被管理者，也不再是消极的义务履行者。义务与权利是对孪生兄弟不可分离，人们只有在享受了一定的权利下，才会积极地履行相应的义务。因此，现代高校学生管理必须首先树立权利至上的理念，保障学生法定权利的实现。学生的权利，属于私权，在教育部新颁布的《普通高等学校学生管理规定》中既规定了高校学生特定的 5 项权利，也规定了大学生享有作为一般公民的权利和法律、法规所特别规定的学生应当享有的权利。作为私权，学生可以自主处置，既可以享有，也可以放弃，但不能被强行剥夺。高等学校实施学生管理也是一种权利，但这种权利是一种公权，是高等学校作为公法人，由一定的法律和行政机关赋予的，本质上是由人民让渡的权利。作为公权，不得放弃，如果高校放弃了管理权利的行使，就意味着放弃了义务的履行，意味着不作为，属于行政过失。因此，为保证学校管理权的正常行使，作为管理对象——学生应当给予一定的配合，这种配合即属于学生应当履行的义务。

第四章　和谐校园概述

第一节　高校和谐校园建设的意义、目标

和谐的大学校园是一种无声的、特殊的教育课堂，是重要的育人环境之一。马克思曾经论述：人创造环境，同样，环境也创造人。温馨和优雅的大学校园环境给人一种精神力量，促进大学生身心愉快健康发展，能够潜移默化地感染人和熏陶人，使人在不知不觉中受到教育和影响。

一、高校和谐校园建设的意义

（一）构建和谐校园是构建和谐社会的重要方面，是社会发展的必然要求

高校是知识的殿堂、文化的集中地和辐射源，在构建和谐社会中具有举足轻重的作用。和谐校园是和谐社会的重要组成部分。高校作为思想意识集散中心和理论阵地，通过研究和实践和谐社会理论，有责任为构建和谐社会提供理论引导。高校应利用自身的文化优势，为构建和谐社会提供思想保证、精神动力、智力支持，营造良好的文化氛围。因此，构建高校和谐校园以示范社会，发挥和谐校园的辐射作用，为构建和谐社会做出贡献，是高校义不容辞的责任。

（二）构建和谐校园是促进学校事业全面协调发展的现实需要

构建和谐社会要把立足点放在发展问题上，特别是要放在协调发展问题上。随着经济全球化和高等教育的大众化和国际化，我国高等教育既处于稳定发展时期，也处于一个激烈的竞争时期。高校要在规模扩张的基础上顺利实现质量提升，建设高水平的一流大学，必须要有一个和谐的校园环境和氛围；必须以社会主义核心价值观统领全局，正确处理好各种关系，妥善协调好各方利益，保持办学规模、速度、质量、效益协调发展；必须以教师为本、

以学生为本，以提高教学质量和育人为中心，团结和动员全体教职工解放思想，更新观念，把"构建和谐校园"放在第一位。

（三）构建和谐校园是培养高素质人才的基本要求

以人为本是社会主义核心价值观的本质和核心，促进经济社会和人的全面发展是社会主义核心价值观的最终目标。高校构建和谐校园必须坚持以人为本的全面、协调、可持续的发展，必须坚持以人的全面发展为第一要务。"以人为本"就是指以人为价值的核心和社会的本位，把人的生存和发展作为最高的价值目标，一切为了人，一切服务人。人的全面发展是和谐校园的灵魂。高校坚持以人为本，就是要坚持以学生为本、以教师为本，在关心人、尊重人的基础上建立师生员工身心愉悦的物质和精神环境，全面促进人的健康发展。

（四）构建和谐校园是坚守和培植大学精神的有效途径

随着改革开放的深入进行，社会转型的加剧直接导致社会分化日益明显，这种分化在高校就集中表现为知识分子多种群体并存的格局：一部分知识分子作为传统大学精神的守望者固守着精英理想，为追求学术自由、人文精神而不懈努力，既体现了大众化趋势下的校园文化与精英阶段的校园文化的连续性，又保持了校园文化对其他文化形式的审视精神，使得"大学围墙淡出，但大学精神永存"；另一部分知识分子则表现出新精英形象的文化特质：他们将高知识性与高市场价值、高成就动机与崇尚务实的社会价值取向有机地结合起来，成为在市场经济条件下，"用知识创造财富"的形象代言人，成为校园文化与企业、社会紧密联系的文化符号，成为经济文化、市场文化与精英文化融合共生的物质载体。这种多元化人际生态的直接影响表现为人的社会需求、思维方式、行为方式的差异性，同时也必然会带来一定程度上的冲突和碰撞，这就要求校园文化建设应强调和谐的旋律。

（五）构建和谐校园是增添校园创造活力、实现校园安定有序的必要举措

现实生活中的每一个人都在追求幸福、谋求幸福，而教育作为培养人的社会活动，理所当然地要服务于提升人的幸福。但是，目前教育的功利化倾向严重阻碍了教师和学生幸福能力的发展，教师只能把知识变成僵化的教条，以灌输的方式教给学生，这样一方面阻碍了学生智慧的发展，同时也使得教师只教实用的知识，而忽视了对教学生活中幸福的理解。因此，创建和谐校

园，要关注校园生活，给教师与学生快乐，提供给他们获得幸福的观念和方法，提升师生的生命质量。我们的教育目标应该是通过幸福的教育创生出教育的幸福，进而促进生活的幸福和社会的幸福。学校要引导教师真正把自己的生命融入教育事业与教育生活中，并让教师从事业中得到快乐和发展，这样的校园，才是和谐的校园。它不仅是学生的幸福，也是教育的幸福，更是社会的幸福。

二、高校和谐校园建设的目标

中国共产党十六届六中全会对构建社会主义和谐社会做出全面部署，这是中国特色社会主义建设进程中的重大选择。高等学校的和谐校园建设是和谐社会的重要组成部分，作为直接向和谐社会培养输送高素质人才的基地，高等学校是促进和谐社会建设的一支生力军。

关于和谐校园的定义，理论界主要有以下几种观点：

（1）和谐校园是一种和衷共济、内外和顺、协调发展为核心的价值取向，是以校园为纽带的各教育要素的全面、自由、协调、整体优化的可持续发展，是学校各子系统及各要素之间的协调运转，是学校教育与家庭教育、社会教育和谐发展的教育合力。

（1）和谐校园是以培养和谐的高素质人才为核心，以师生发展和学校发展为目标，以校园为阵地，各种教育子系统的协调运行、整体优化，形成教育合力，学校达到全面、协调、可持续发展的状态，是全体师生各尽所能、各得其所、和谐相处的校园。

（1）和谐校园是把学校建成最适宜学生成长发展的"生态系统"，具备民主、科学、人文、开放的育人环境，通过和谐去寻求一种秩序，发挥育人的整体效应。

总之，关于和谐校园的概念，内涵深邃，外延宽广，内容丰富，形式多样，从不同的角度解读，都可以得出不同的结论。而和谐校园建设的宗旨，是为每一个教育者和受教育者的生命成长提供最适宜的土壤。所谓生命成长，最根本的是个体精神世界的丰富、思想的成熟以及人性与人格的发展。因而，和谐校园建设的核心是调整校园内外的各种关系和活动，使之成为师生身心健康协调发展的教育生态系统，在这个系统中，学生体验着个性发展和知识增长的愉悦，教师则感受着职业的幸福感与事业的成就感，使得高校真正成为大学师生共同的精神家园。

具体来说，和谐校园的建设目标可以包括以下几个方面：

（一）民主平等

和谐校园首先是一种办学理念。在高校中，师生是校园的主人。学校一切工作的出发点和归宿就是为了人的和谐发展。调动每个人的积极性，形成基于民主基础上的平等即是建设和谐校园的首义。

校园的中心工作是教书育人。学校的一切工作都是围绕这个中心进行的。从教学、教育岗位的设置，德育活动的组织实施，教学活动的设计落实，到学校文化活动的组织开展，校园建设与后勤服务的保障，教职员工的考核、评价等等，无一不关系到校园的和谐，而上述所有的事均需依靠人来组织落实，因此，学校的事业要兴旺发展、要充满活力与生机，关键在人。而要调动人、激发人、发展人，首先得创造一个民主和平等的校园氛围，让师生成为真正的主人。

和谐校园也是一种管理模式。这种模式的内核是人本思想。无论是学校的管理者、教师，还是学生，都能在它的催化下，发挥最大潜能。

构建和谐校园，就是要实现教学与科研的和谐，人文教育与科学教育的和谐，素质教育与专业教育的和谐，学科建设与专业建设的和谐，规模与质量的和谐，校园文化设施与学校发展的和谐，校内环境与社会环境的和谐，人才培养与社会服务的和谐。

构建和谐校园，就是要让学校改革发展的成果惠及广大师生员工，使每位师生都能平等享受法定的权利、合理的收益、均等的机会和公平正义。

构建和谐校园，就是要体现民主办学、依法办学，使一切有利于学校发展的愿望和行动受到广大师生员工的支持，各方面的积极性得到充分调动，各方面的利益关系得到合理协调，各种矛盾得到妥善处理，公平与正义得到切实维护，保持校园稳定与安全。

构建和谐校园，就是要让师生员工互帮互助，诚实守信，融洽相处，充满活力，健康向上，促进学校各项事业健康、协调、可持续发展。

1.公平正义是和谐校园的基础

社会主义民主的实质是维护和保障人民的各项民主权利，而这又是现阶段我国公平正义的基础和客观现实的内容。追求社会的公平正义是社会发展永恒的主题。社会主义民主既构成了社会主义公平正义的客观现实内容，又是维护和实现社会公平与正义的政治条件。和谐校园是公平正义的校园，是学校各方面利益关系得到妥善协调的校园。一个公平正义的校园意味着在良性机制下机会的平等，竞争的公平。在校园内，不论什么人，都能通过公平竞争获得自身的利益，实现学校与个人的共同发展。

2. 事业发展是和谐校园的重要条件

社会主义民主是适应和有利于社会主义市场经济发展的政治形式和机制。发展社会主义民主能够激励和调动人民群众投身社会主义现代化建设的积极性，能够促进社会经济的发展。构建和谐校园，必须一切着眼于学校事业的发展，用发展的成果凝聚人心，用发展的办法解决问题，用发展的成果振奋人心。只有不断增强高校的办学实力，推动高校改革发展，才能为构建和谐校园奠定坚实的基础。随着高等教育改革的不断深入，改革的成效也日益明显。这些改革发展的措施有效地调动了广大教职工的积极性，推动了学校事业的不断向前发展。

3. 安定有序是和谐校园的重要指标

社会主义民主是一种以和平方式进行社会整合的有效方式和手段。发展社会主义民主有利于化解和疏导社会矛盾，协调和疏通社会关系包括政民关系，有利于维护和实现社会稳定。校园运行安定有序是学校全体师生普遍的愿望和需求。和谐校园是运行安定有序的校园。校园运行有序，一是校园组织机制健全，管理完善，秩序良好，教职工队伍建设科学合理；二是学校的各种利益之间存在一种协调机制，维护和保护学校各方面利益处于一种协调、稳定、平衡的发展态势。

4. 民主法治是和谐校园的重要特征

社会主义民主的根本目的是在人民当家做主的基础上，维护最大多数社会成员的利益和愿望。民主是指人民有序参与国家事务的权利。法治是根据国家法律治理国家。民主法治，就是社会主义民主得到充分发扬，依法治国基本方略得到落实，各方面积极因素得到广泛调动。民主法治是和谐校园建设最根本的指导原则和最重要的运作机制。民主法治是学校管理的重要手段。学校事务的治理，学校与国家、社会关系的处理以及学校的制度安排、合作参与、责任分担、利益共享等都离不开民主法治。只有将民主法治的指导原则和运行机制引入学校事务管理的过程之中，学校才有和谐的基础与保障。

（二）依法治校

党的十六大指出，发展社会主义民主，建设社会主义政治文明，是全面建设小康社会的重要目标。依法治国是党领导人民治理国家的基本方略。"依法治国"作为基本国策，经过 5 个五年计划的普及教育，已经深入人心。

依法治校是贯彻党的十六大精神、推进依法治国基本方略的必然要求，是教育事业深化改革、加快发展、推进教育法制建设的重要内容。推进依法治校有利于推动教育行政部门进一步转变职能，严格依法办事；有利于全面推进素质教育，提高国民素质；有利于保障各方的合法权益；有利于运用法律手段调整、规范和解决教育改革与发展中出现的新情况和新问题，化解矛盾，维护稳定。

高校的根本任务是培养社会主义事业的建设者和接班人。实行依法治校，就是要全面贯彻教育方针，坚持教育为社会主义现代化建设服务，为人民服务，与生产劳动和社会实践相结合，培养德智体美全面发展的社会主义建设者和接班人。实行依法治校，就是要严格按照教育法律的原则与规定，开展教育教学活动，尊重学生人格，维护学生合法权益，形成符合法治精神的育人环境，不断提高学校管理者、教师的法律素质，提高学校依法处理各种关系的能力。实行依法治校，就是要在依法理顺政府与学校的关系、落实学校办学自主权的基础上，完善学校各项民主管理制度，实现学校管理与运行的制度化、规范化、程序化，依法保障学校、举办者、教师、学生的合法权益，形成教育行政部门依法行政，学校依法自主办学、依法接受监督的格局。

纵观世界各国高等教育，都是国民教育的主要途径，高校管理的科学化、法制化程度又直接影响高等教育的质量，影响国民的整体素质和一个国家的综合国力。法国、英国、德国、美国等国的发展，战后日本的崛起，都向世人昭示了这一点。战后的日本，在大力发展教育、增加教育投入的同时，制定了完整的《学校教育法》，通过法治途径规范学校管理、发展学校教育，以学校教育为主渠道提高国民的科技和文化素质，从而促进了社会生产力的快速发展，提高了日本的综合国力。据统计，日本在 1950～1972 年，科教在国民经济发展中的贡献率达到了 52%。美国自 1945 年以来，经济产出增长的一半以上得益于教育和科技的进步，这都充分说明了依法治校的重要性。

对于我国高校而言，"依法治校"也是学院管理中应该遵循而且必须遵守的基本原则。

首先是权力分配。应建立起完善的党委领导下的院长负责制，不应党政"分工不分家"，责任不清，职责不明，眉毛胡子一把抓。坚持党委领导，明确院长负责，通过院长办公会，进行议事决策。在各系部，实行党政共同负责制。重大事务共同商量，共同决策。

应建立完善学院及各系部的规章制度，包括人事制度、财务制度、政治学习制度等。针对学生制订各种规章制度，包括学习制度、志愿者制度、奖助制度等。

1. 转变行政管理职能，切实做到依法行政

依法行政是依法治校的前提和保障。各级教育行政部门要按照依法治教和依法治校的要求，切实转变不能适应形势需要的行政管理方式、方法，依

据法律规定的职责、权限与程序对学校进行管理，切实维护学校的办学自主权；要按照行政审批制度改革的要求，精简审批项目，公开审批程序，提高办事效率；要探索综合执法机制和监督机制，依法监督办学活动，维护教育活动的正常秩序；要依法健全和规范申诉渠道，及时办理教师和学生申诉案件，建立面向社会的举报制度，及时发现和纠正学校的违法行为，特别是学校、教师侵犯学生合法权益的违法行为；积极配合有关部门开展校园及其周边环境的治理工作，依法保护学校的合法权益，为学校教育、教学活动创造良好的环境。

2. 加强制度建设，依法加强管理

学校要依据法律法规制定和完善学校章程，经主管教育行政部门审核后，作为学校办学活动的重要依据。要根据法律和国家的有关规定，建立、健全学校教育教学制度，保障国家教育方针的贯彻落实。要依法健全校内管理体制，国家举办的高等学校要依法实行党委领导下的校长负责制，明确学校党委、校长、校务委员会、学术委员会等各种机构的职责权限和议事规则，做到相互配合，权责统一，依法办事；中等及中等以下学校要依法健全校长负责制，完善校长决策程序，并发挥学校党组织的政治保障作用。民办学校和中外合作举办的教育机构要按照《民办教育促进法》和《中外合作办学条例》及国家有关规定规范办学行为，建立健全校董会、理事会或者其他决策机构的议事规则，规范决策程序。要保证学校的发展规划、章程和各项管理制度、对外签订的民事合同等符合法律的规定；完善学校内部财务、会计和资产管理制度，严格执行国家有关收费的规定，健全监督机制，依法管理好学校法人财产。对违反法律、法规规定的学校管理制度和规定，要及时修改或者废止。

3. 推进民主建设，完善民主监督

要进一步完善教职工代表大会制度，切实保障教职工参与学校民主管理和民主监督的权利，保证教职工对学校重大事项决策的知情权和民主参与权。全面实行校务公开制度，学校改革与发展的重大决策，学校的财务收支情况、福利待遇以及涉及教职工权益的其他事项，要及时向教职工公布；学校的招生规定、收费项目与标准等事项，要向学生、家长和社会公开。中小学要积极推动社区参与学校管理与监督，推进家长委员会的建立，明确家长委员会的职责，学校决策涉及学生权益的重要事项要充分听取家长委员会的意见，接受家长委员会的监督，为家长、社区支持、参与学校管理提供制度保障。

4. 加强法制教育，提高法律素质

依法治校的关键在于转变观念，以良好的法律意识、法制观念指导学校管理和教育教学活动。教育行政部门和学校要坚持育人为本的思想，按照全国和教育系统普法规划的要求，以及教育部、司法部等四部委关于加强青少年学生法制教育工作若干意见的要求，加强对青少年学生的法制教育。要把法制课列入中小学课程，把法律知识作为高等学校、职业技术学校的必修课内容，保证做到计划、课时、教材、师资"四落实"；中小学要建立健全法制副校长或者法制辅导员制度；要积极利用多种形式和学生易于接受的方式，开展生动活泼的法制教育，营造良好的法制教育环境，使学生在潜移默化中感受法治精神，提高法律素质；学校领导要带头学习法律知识，增强法制观念，依法履行管理职责；要把法律知识作为各级各类学校校长培训、教师培训的重要内容，把具备较高的法律素质和落实教育法律法规的情况，作为校长、教师考核和学校评价的重要内容。

5. 严格教师管理，维护教师权益

教育行政部门要严格依照《教师法》、《教师资格条例》的规定认定教师资格。学校要依法聘任具有相应资格的教师，依法与教师签订聘任合同，明确双方的权利、义务与责任，尊重教师权利，落实和保障教师待遇。建立校内教师申诉渠道，依法公正、公平解决教师与学校的争议，维护教师合法权益。教育行政部门和学校要加强对教师的思想政治教育、道德教育和法制教育，不断提高教师的道德水准和法律素质。加强教师管理，依法处理品质恶劣、严重侵犯学生合法权益的教师，坚决杜绝教师侵犯学生人身权的违法犯罪行为。对教师严重侵犯学生人身权的案件，学校必须及时移送司法机关查处，并向主管教育行政部门报告，依法追究责任人、校长和主管教育行政部门负责人的责任。

6. 完善学校保护机制，依法保护学生权益

学校在日常教育教学活动中要树立以人为本的理念，自觉尊重并维护学生的人格权和其他人身权益。教育行政部门和学校要牢固树立"安全第一"的意识，认真贯彻落实有关校园安全的法律及规定。要建立完善的安全管理制度，明确职责，加强对学校教学、生活、活动设施的安全检查，落实各项安全防范措施，积极维护校园的安全与秩序；要加强对教师、学生的安全教育，实现安全教育制度化、规范化，预防和减少学生伤害事故，保护学生、教师的人身和财产安全；建立应对各类突发事件的工作预案，增强预防和妥善处理事故的能力；健全学生安全和伤害事故的应急处理机制和报告制度，不得瞒报或者漏报。

随着教育法律法规体系逐步得到完善，学校与教育行政部门、举办者、教师、受教育者之间的法律关系会不断出现新的特点。要与时俱进，通过法治手段积极调整、逐步理顺各主体之间的关系，解决教育活动中出现的新问

题，实现教育为人民服务的宗旨。

（三）公平正义

公平正义从哲学角度分析，可以分为两个层面，第一个层面可称为程序公平正义，它与法的普遍性原则相联系，要求对所有人平等地执行法律和制度，赋予人们程序上的公平；第二个层面可称为结果公平正义，它以追求最大多数社会成员的福祉为目的，强调针对不同情况和不同的人予以不同的对待，赋予人们结果上的公平。由此现代意义上的公平正义则指一种合理的社会状态，它包括社会成员之间的权利公平、机会公平、过程公平和结果公平，即社会各方面的资源与利益在社会群体之间、社会成员之间得到适当的安排和合理分配。公平正义是现代社会进行制度安排和制度创新的重要依据，是协调社会各个阶层相互关系的基本准则，也是一个社会具有凝聚力、向心力和感召力的重要源泉。只有遵循公平正义的原则，才能取得社会各个阶层的共识和认同，才能使绝大多数社会成员都受益，才能使社会不同利益群体各尽其能、各得其所、和谐相处。

而和谐校园则是一个体现公平和正义的校园，主要是以和谐共济、内和外顺、协调发展为核心的一种教育模式。它是以校园为纽带的各种教育要素的全面协调，是以学生、教师、学校发展为宗旨的整体效应。其实质就是在良性机制下机会的平等性和竞争的公平性。在学校内部，人人都能够通过公平竞争而获得自身的利益，从而实现学校与个人的协调发展和共同进步。

和谐校园的建设在于人人参与和人人享有。和谐管理强调要通过公开公正的民主管理，激励全体师生员工以最大的热情投入到工作和学习中，使学校的建设事业凝聚最广泛的力量。

1. 学校管理者要充分发扬民主

学校管理者要让教师亲身体会到自己是学校的主人，是学校管理的主体。学校领导要善于团结和依靠广大教职工的聪明才智办好学校，为了让教师正确面对工作压力、生活压力等，并以乐观的态度、饱满的精神迎接各种挑战，全身心地投入到教育教学改革中，学校一方面向教师宣讲有关教育改革的动态信息，让教师有充分的心理准备，并主张提高自身素质是应对各种改革的制胜法宝；同时请专家对教师开设心理健康知识讲座，让教师清醒地认识到教育改革是适应社会发展的需要，也是学校发展的需要，更是教师自我发展的需要，最终使教师理解改革、支持改革。

2. 学校管理者要以身作则

学校领导要有讲政治、讲正气、讲学习、讲团结、顾全大局的政治品格，更要有勇于创新，谋事创业，无私奉献的精神，做广大教师的表率，模范地执行各项管理制度。要有一颗忠于党的教育事业的心，要有胸襟坦荡、宽厚待人之心。"人非圣贤，孰能无过"，这并非是迁就教师的错误，而是要冷静思考出现问题的原因，是管理制度出了问题还是其他原因；分析清楚后再进行处理，而坚决不能以一顿训斥了之。另外还要有一颗敢于承担责任的心，这样教师才敢于创造性地开展工作，同时要有一颗包容的心，能排教师之忧，能解教师之难，能暖教师之心。最终让教师敢于表白自己的真实内心世界，敢于向学校管理者献计献策，教师才能有被信任，尊重之感，把自己的命运紧紧地与学校发展联系起来，才能平等对待学生，才能以主人翁姿态做好教书育人工作。

3. 搭建学校与师生员工通畅的信息平台

民主管理还在于对每位师生员工都要与他们平等相待，和谐相处。建立畅通的信息沟通渠道，如设置校领导接待日，以及设立校长信箱、信息公告栏等，方便师生员工及时与学校领导进行信息交流与沟通，拉近领导与师生员工的距离。师生员工通过这些渠道可以及时与校领导和相关部门交流自己的意见，反映涉及个人切身利益的合理诉求，同时，学校也能及时了解师生员工的思想动态，并有针对性地采取积极有效措施，帮助解决问题和疏导情绪。定期组织校务报告会、新闻发布会等，向师生员工及时通报学校发展中的重要事项和师生员工关注的校园热点，完善问责和答复制度，能够解决的问题及时给出解决方案并督办落实，不具备解决条件的问题也要给予说明和解释，体现管理的和谐。

4. 尊重和保障师生员工民主参与的合法权利

民主管理在于充分尊重师生员工的知情权和公平参与学校管理的民主权利。充分发挥校学术委员会、学位委员会、教学指导委员会、校务委员会等的作用，凡关系学校发展的重大问题和涉及师生员工切身利益的重大事项等，都要请广大师生员工参与讨论，广泛听取意见；每年定期召开教代会，校领导向教代会汇报学校工作、财务预算执行情况和关系教职工切身利益的重大问题等，直接听取教师代表意见；定期召开学生代表座谈会，及时听取和了解他们对教学、管理、生活等方面的意见；做到校务公开，开好师生会，便于师生员工围绕相关专题展开讨论、建言献策，从而形成学校建设人人参与、对学校事业发展事事关心的局面。学校强化民主参与管理，增加管理的透明度与可信度，使师生员工在共同参与学校管理的过程中个体的首创精神和独特见解得到充分体现，学校与师生员工形成一个整体。

（四）求知求新

"大学者，非有大楼之谓也，有大师之谓也。"

大学应该是求知的场所，青年人应该是出于对知识的热爱来这里求学。当年蔡元培先生对进入北京大学的学生说"抱定宗旨，为求学而来。入法科者，非为做官；入商科者，非为致富。宗旨既定，自趋正轨"，这显然是深受德国洪堡大学精神的影响。蔡元培先生后来的很多思想和理念都深受洪堡大学精神的影响，他说"大学者，研究高深学问者也"，"大学者，'囊括大典，网罗众家'之学府也"。当年执掌北大时，他认为，大学就是崇尚知识的场所、汇集学问的场所，至于学了之后对社会有什么用，这是另外的事情。这个首先是根本。

进入现代，整个社会的发展，不管是社会的变革进步、人文的教化、科学的革命、社会的民主，都依赖大学提供价值观，依赖大学培养出的人才。但是，这一切的根本在于，大学应该充满崇尚知识、热爱求知的氛围。如果把大学变成一个功利的场所，学生觉得上了名牌大学就能找到更好的工作，上了大学就能够有职业、有饭碗，这是很可怕的事情。现在各个大学都在争相标榜学生的就业率，有好事者也列出了大学制造富豪的排行榜。现在大学还变成了一个职业培训机构。其实大学也面临很大的压力，每年近700万学生毕业，社会不可能提供那么多的就业岗位，一年一年地累积，工作越来越难找。结果就形成了恶性循环，学生抱怨学校和教育部，学校又为了就业，不断地修改专业，把一些专业砍掉，大幅开设实用专业，但是社会的变化发展有时候并不是人们能预计到的，所以改来改去的结果反而严重伤害了每一个大学自身的传统和发展方向，也妨碍了学科建设的进程。毫无疑问，这既不利于大学的创新，也不利于知识的创新和技术的创新。我们要思考如何去激发青年人对知识的热爱，大学能够创造好的知识，学生能够在这里学习和交流好的知识，这才是大学最根本的存在依据。

我们现在需要做很多纠偏的工作。中国古代在这方面有很多杰出的思想，如"大学之道，在明明德，在亲民，在止于至善"这句话，实际上这句话的后面还有内容，就是"古之欲明明德于天下者，先治其国；欲治其国者，先齐其家；欲齐其家者，先修其身；欲修其身者，先正其心；欲正其心者，先诚其意；欲诚其意者，先致其知。"就是说，一定要有对知识的热爱，这才是根本的原则。如果没有这个原则，大学其他的东西都不可能立起来，没有学术思想的自由，也没有知识的创新。因为知识的创新根源于对知识的热爱，只有对知识的热爱，能够着眼于对知识不断地、无止境地、发自内心地去探求，才会发现问题。所以，对知识的热爱作为学术创新的根本，其实包含着内在的爆发力。我们以为学术自由是靠别人给予的，期盼有一种学术自由的环境和风气，其实学术自由的环境、学术自由的力量和可能性是靠自己激发出来的，是出于自己对知识的热爱，出于所有的学生、所有的老师对知识的热爱。学术自由是大学的根本，也是大学精神重要的依托，它同时也扎根于对知识的热爱之中。

今天如何能让大学重新成为一个知识的场所？这确实是个很难回答的问题。我们现在不断地鼓励学生学好本领，服务于国家，服务于民族，服务于天下，承担起社会责任，但是唯独忘了他本身是否对知识有兴趣，在大学里是不是能够真正成为一个好学生，而不是能考多高的分数。其实，一些考分非常高的学生平常不读书，也没有兴趣读书，这种情况很普遍。如果我们的学生没有对知识的热爱，怎么去期盼知识创新，期盼出大师，期盼承担起民族的重任，期盼他们治国、治天下？当今社会的价值观是向权看、向钱看，权钱成为社会绝对的崇拜，整个社会极端功利主义，这让我们怎么去重建大学这个崇尚知识的场所？大学本身应该是知识创新的场所，只有如此，才能激发青年人的求知欲。大学应该是崇尚知识的场所，知识又成为创新的基础，这是互为博弈的，而不是"鸡生蛋、蛋生鸡"的问题。在历史的过程中，会有一些微小创新的可能性显露出来，我们要抓住这些微小的可能性。教师具有创新的可能，才能引领学生对知识的热爱，比如说哪一门课能够提供新的知识，能够吸引学生，能够诱发学生对知识的好奇心，这样对知识的热爱才可能产生。

大学应该有更多的人文修养的课程。通过这些人文修养的课程来提高各学科学生对知识的热爱，理工科、人文社科本身都是这样。

古人云：善歌者使人继其声，善教者使人继其志。

史蒂夫·乔布斯（Steve Jobs）在斯坦福大学 2005 年毕业典礼上最后用这样一句话作为他演讲的结束语："stay hungry, stay foolish（求知若饥，虚心若愚）。"

他说："我总是希望自己能够那样，现在，在你们即将毕业、开始新的旅程的时候，我也希望你们能这样。"史蒂夫·乔布斯以这句他人生的座右铭作为对即将走入社会的莘莘学子的殷殷寄语和勉励，折射出的不仅仅是他人性的光辉，更给我们留下许多思考的余地。

stay hungry，让自己始终保持在一个近似饥饿的状态，唯有这样，我们才能对未知的知识有强烈的需求欲；饥饿同时也可以让我们更加清醒，意识到我们自身的不足。"吾生也有涯，而知也无涯"，庄子也发出过同样的感慨。可见，在知识面前，我们唯有如饥似渴地去学习，才能弥补我们人生中的一些缺憾和不足。

stay foolish，让自己始终停留在一个拙朴的状态，只有这样，我们才能始终带着好奇心去打量这个世界，以虚怀若谷的心态去迎接并承载一切的新知。不仅如此，以谦逊甚至愚钝示人，可以让饱学之士和智者愿意传授智慧以及所学，无形中平添了我们更多求知的机遇。《老子》："见素抱朴，少私寡欲。"《菜根谭》："涉世浅，点染亦浅；历事深，机械亦深。故君子与其练达，不若朴鲁；与其曲谨，不若疏狂"。先贤关于"抱朴守拙"的论述可谓精当，即便是穿越时空而来，仍然对我们有很大的启发和教益。

（五）崇尚学术

学术自由是大学教育创造新思想、新文化的先决条件，也是大学活动的表现，在现代大学里，崇尚学术、追求真理、发展科学是提高教育质量、哺育创新人才和提高办学效益的重要保证，也是建设高素质教师队伍的关键。一所现代大学，必须要以探讨高深的科学知识，即要以学术作为它存在的前提，如果离开了高深学问的传递、应用、融合和创新，就失去了它存在的价值。"崇尚学术"的目的是要营造"学术自由"的环境，以使教师能安心从事富有创造性的学术研究活动。

在尊重学术自由的呼声越来越高的今天，在思想和学术高地的高等学校，在既定的党委领导下的校长负责制的管理架构中，如何思考"教授治校"的意义，重估"教授治校"的价值，如何实现行政权力和学术权力的平衡，是值得高校办学与管理者认真研究探索的一件大事。

1. 树立"教学乃学术"的观念

观念是行为的先导。高校应组织开展"教学乃学术"大讨论，重新阐释学术的内涵，更新学术观念，树立"教学乃学术"的思想，从理论、政策以及舆论上赋予教学学术合理的地位。管理层，特别是学校领导层要带头确立教学学术的理念，始终把教师的教学学术发展放在重要位置。只有当管理者从思想上认同教学学术理念，才会改变平时对教学的不关心，重视教学学术并身体力行，想方设法为教师提高教学学术水平提供支持，营造出尊重教学、支持教学工作的良好氛围。教师要转变学术观念。教师对教学学术的认识和理解将直接影响到他们是否致力于潜心教学研究。要引导教师以学术视角看待教学活动，正确认识教学具有学术性，"教学水平也是学术水平"。只有当教师自觉地追求教学学术，把教学作为一种首要责任，而不是一种任务时，才会自觉地不断改进教学，致力于教学研究，提升教学学术水平。最重要的是要以教学学术理念指导大学内部管理制度建设。要调整不利于教师教学学术发展的有关管理制度，进行制度创新，将对教学学术的期望渗透到各项管理制度中，奖励在教学学术上有所建树的教师。

2. 创新激励约束的机制

扩大学术水平的评价范围，将教学学术纳入学术评价体系，在学术评价的制度和标准中充分体现教学学术，调整、充实、强化能体现教学学术的指标和权重，使得专业建设、课程建设、实验室建设、教材建设、教学改革、教学研究等工作都得到应有的承认。在教师业绩考核时，认同教学学术的价值，即学术评价中关注教师的教学态度、教学能力和教学效果，以及教学中的发现与创新。实施教学与科研等效评价，将教学业绩与科研业绩同等对待，教学工作与科研工作一视同仁、教学研究项目与科研项目一视同仁、教学成果与科研成果一视同仁、教学带头人与科研带头人一视同仁。在教师职称晋升标准上，应使教学学术的评价"实"起来、"硬"起来，不只是要求教学工作量的多少，更应该考核教学质量的高低，实行教学质量低的"一票否决制"。在教师奖励政策上，加大教学工作的奖励力度，完善教学奖励体系，使教学优秀的教师一样有"尊严"、有"地位"、有"回报"，激励教师"以教为业""以教为乐""以教为荣"。

建立合理的教学学术激励机制，可以大大调动教师的内在潜力，激发其创造性，促使高校教师充分发挥自己的教学才能，提升教学学术水平。淡化工作量考评指标，改变过分注重数量论业绩的简单化倾向，取而代之的是注重科研质量和教学质量，将"量多多得"调整为"优质多得"。例如，对教师的评价不是单纯看重他发表文章多少篇、科研经费进账多少，而要看他的学术研究成果究竟有无创见、学术贡献有多大。各种荣誉、奖励和岗位津贴要与科研学术和教学学术等总体贡献相联系而不是只与科研成果挂钩，以力戒急功近利地搞科研和学术商品化等不良倾向。真正形成崇尚教学学术的正气，还必须依靠激励与约束的"共轭"作用。学校在以激励为主的同时，应制约教授不授课、教师不认真教、只教书不育人等不良行为，使教学态度不端正、教学工作不严谨、教学效果不好的教师得到应有的教育和鞭策，促使教师警醒和自律。激励机制和约束机制两者缺一不可，只有二者互相结合，互相补充，才能使高校教师更好地履行教学学术的职责。

3. 促进教师全面专业化发展

教师的专业发展既包括学科专业方面的发展，也包括教学领域方面的发展，这是由教师职业的特性及教师学术活动的完整内涵所决定的。教师全面专业化发展体现在四个方面：一要跟踪学科前沿。鼓励教师及时更新专业学术知识，掌握学科发展动态，为高质量地完成教学任务做好充分的专业准备。二要教学实践磨炼。教师通过理论和实践教学，砥砺学术素养、提升教学水平、涵养育人智慧，通过对教学工作的总结和思考，深入研究教学对象、教学内容、教学方法与教学管理，将各种感悟内化为个人有效的行动方案和教学模式。三要教给学生学会学习。教师的"教"是为了学生"学"，教师要善于鼓励学生在课堂上提问题，参与教学活动；引导学生自主学习，激发学生的求知欲和创造力。教师教学生学会了学习，就等于培养了学生持续发展的能力，教师不能只教书而不问学。四要通过各种类型校内外教学学术交流活动，加强学术讨论，逼近学术真理，促进学术创新。学术交流是教学学术繁荣的生命线，是提高教师教学学术水平的重要途径。

当下我国高等学校要提高教学质量，就必须以教学学术观为指导，完善大学管理制度，为大学教师乐于教学、发展教学提供氛围，为教师提高教学能力和教学水平提供制度保证。

（六）诚实守信

民国时期，复旦大学校长李登辉先生信奉、倡导的四条行为准则——绝对忠诚、绝对纯洁、绝对无私、绝对博爱，缘自宗教，也是他对信仰的精辟概括。在上海这座南方的国际工商业大都市，李登辉一手创办的复旦大学也一直能够保持科学严谨、思想自立与奉献精神。这种精神的渊源则来自李先生的诚实守信的人生原则。古人云：善歌者使人继其声，善教者使人继其志。李登辉平生最得意之快事，是有众多学生秉承诚实守信的原则继承他的事业，先后出任各大学校长。据统计，李登辉培养的大学校长多达20余人，其中著名的有浙江大学校长竺可桢、大同大学校长胡敦复、清华大学校长罗家伦、四川大学校长程天放、清华大学校长吴南轩、复旦大学校长章益、浙江大学校长郭任远、东吴大学校长端木恺、北洋大学校长金通尹等9复旦因此成为培养大学校长的摇篮，李登辉也无愧于"大学校长之导师"的称号。

诚信道德教育不仅包括人的品格和情操教育，更为重要的是对人对社会的责任能力的教育。诚信道德教育的价值是指教育者在培养被教育者道德品质活动中产生的现实或后继的作用，在于提高人的精神生活的内涵与层次，完善人格，促进人的全面发展，最大限度地发挥人的创造才能，促使人活得更有意义。整顿和规范市场经济秩序，建立健全法制、诚信和公平竞争的市场环境，是中国入世后逐渐与国际经济秩序接轨所必须遵守的规则。

我国加入WTO，我们必须认真审视最起码的三项原则：第一，无歧视待遇原则，也称无差别待遇原则。经济活动主体无论资金规模大小、地位高低，都应该一视同仁、公平交易，不应受到歧视。第二，互惠原则。交易双方通过成功的交易活动相互让与，从而使彼此都收到预期的效益。第三，透明度原则。缔约双方在法律、规章、政策、决策和信息方面必须透明和规范，不允许暗箱操作和内幕交易。履行承诺，建立诚信，构筑符合时代发展要求的信用社会，是当前不断完善我国社会主义市场经济所需要努力的方向。诚信是宝贵的社会资源，失信和欺诈不仅在道义上受到谴责，而且必将受到制度惩处和法律的制裁。时代要求建构诚信社会，更要求大学生注重诚信道德教育，完善道德人格，加强诚信、责任、敬业、自律的人文精神培养，树立信用经济时代人们待人处世的诚信观念。诚信道德教育是社会主义道德体系建设的基础性工程，而学校则是诚信道德教育体系的基础。科学认识诚信道德教育的价值，就要处理好诚信道德教育的三个关系。

第一，处理好基础规范和崇高境界的关系。诚信道德作为最基本的道德行为规范，是道德教育的底线要求。如要求从小诚实不说谎话，考试不作弊，会计不做假账，人与人真诚相待不欺诈等。在引导大学生从基础做起，从自身做起，把基础性诚信道德升华为高层次、高境界的诚信。忠诚于祖国、忠诚于人民、忠诚于事业，夯实诚信道德基础，真正把诚信道德的先进性和广泛性结合起来。

第二，内外结合，处理好自觉自愿和制度约束的关系。改善和提升大学生诚信道德水平，既要培养道德主体的自觉自愿精神，又需要建立健全和完善有效的法律法规和制度。凡是私利所驱动的恶行大多都不能靠诚信道德的自我完善来改变，而需要外力约束。

第三，处理好理性认知和实践体验的关系。诚信道德教育应该做到知行并重，知德才能行德，把做人与做事结合起来。诚信道德教育的理论认知和实践体验都离不开真实可信可感的诚信道德形象来激励，教育工作者应该努力做最好的诚信行为的示范。

校园文化具有重要的育人功能，要建设体现社会主义特点、时代特征和学校特色的校园文化，形成优良的校风、教风和学风，营造校园诚信道德教育的良好氛围。俄国教育家乌申斯基曾说："在教育中一切都应以教育者的人格为基础，因为只有人格才能影响人格，只有人格才能形成性格。"教师是学生良好道德品质形成的引路人，要做到"言必信，行必果"；要求学生做到的，自己首先必须做到；要为人师表、身体力行、有诺必践，以教师高尚的品行、诚信的作风取信于学生、家长和社会，提高公信力，做诚信的表率。高校要开展诚信教育，领导和教师必须首先要有诚信的德行。教师应具备忠厚老实、不贪不欺，勇于责己、不护己短，光明磊落、襟怀坦白，言出必行、反对空话，表里如一、力戒虚伪，实事求是、敢讲真话等优良品质；要遵守学术道德、学术规范，提倡学术自律，严谨治学。高校德育教师更要做到诚实为人、诚恳待人、诚心感人、诚意服人，时时处处做学生的表率，以崇高的人格魅力去感染和激励学生，使其在潜移默化中塑造完美人格。学校开展诚信道德教育，教师是表率，他们的榜样和示范是引领学生走进诚信大厦的路标。因此，高校一定要抓住教师队伍这一教育的关键环节，加强师德教育，制定教师道德行为规范，将其纳入职称评定和业绩考核之中，并采取激励机制，使广大教师自觉养成良好的诚信思想道德品质，成为学生的楷模，形成良好的诚信道德教育氛围，感染并持续影响学生。

（七）进取活泼

高等学校肩负着为我国社会主义经济建设培养大批富有创新精神和实践能力专业技术人才的重任，如何探索和建立有效的人才培养模式和实现途径，是高等学校的重要研究课题。实践证明，高等学校应根据学生自身特点，培养学生的进取精神。在全面教育中注重学生的个性培养，是实现学生进取精神培养的关键点。

进取精神是指在重大压力面前而表现出一种刚健昂扬，积极果敢、有原则、有坚持、不苟且，永不言败的生活态度。它是品格、胆魄和才识的统一。进取精神体现在实践中就是勤奋刻苦和坚忍不拔的品格，是"敢于尝试、敢于拼搏"的大无畏的胆略和气魄，是"刚柔相济、文武兼备"的才学与见识。这种精神是要在不断的磨炼中慢慢地生长出来的，就像在绝壁磐石中挺立的松柏，岁寒而后凋。观古代先贤苏秦，背负着沉重的生存压力，敢于直视扑朔迷离的现实人生，在无任何依靠的情况下，艰难地生活着，而且创造了辉煌的人生。近则好莱坞明星史泰龙在寻求成功之路上曾被拒绝了1000多次，但他始终满怀信心。"世上没有做不成的事！我一定要成功！"比泰山还坚定的恒心支撑着身无分文的他，使他最后成为一代巨星。所以，高校要塑造有用之才，仅有专业技术知识是不够的，必须结合实际培养出具有实践能力与进取精神的人才。

（八）兼容并包

《中庸》里说："大学之道，在明明德，在亲民，在止于至善。""大学精神"的本质特征可概括为创造精神、批判精神和社会关怀精神。也就是说，大学允许存在不一样的声音。中国自古就有"百花齐放、百家争鸣""兼听则明，偏信则暗""以铜为鉴，可以正衣冠；以古为鉴，可以知兴替；以人为鉴，可以明得失"的治国道理。蔡元培任北京大学校长时提出了"兼容并包"的办学方针。他认为大学的性质在于研究高深学问，大学是"囊括大典，网罗众家"的学府，应该广集人才，容纳各种学术和思想流派，让其互相争鸣，自由发展。墨守成规，抱残守缺，持一孔之见，守一家之长，实行思想专制，是不可能使学术得到发展的。当前，我国的高等教育正进入创办世界一流大学的阶段。与蔡元培先生所处的社会阶段相比较，社会的经济、政治、文化等都有着巨大的不同，但是教育的相对独立性决定了蔡元培先生的兼容并包的高等教育思想依然对我们有十分重要的启示，应当也可以从蔡元培先生的大学教育思想及其实践中找到重要的借鉴。

1. 注重大学人文精神的培养，积淀深厚的文化底蕴

大学的灵魂在其精神、文化氛围和底蕴。大学是人文和社会科学成果的源泉，要更加注重人文社会类学科的建设和发展。

2. 不拘一格创建一流的教师队伍

我国高校缺乏一批在世界上有影响力的学术大师，要在高校形成开放、流动的人事制度和运行机制，避免师资队伍流于平庸、学校缺乏生气的情况。要特别注意培养、引进和交流人文科学的优秀人才。

3. 借鉴国外先进的办学理念，进行教学体制的改革

要借鉴外国著名大学的成功经验和教育理念，并且对我国的教育体制进行大胆的改革。永远不要停止"拿来"，永远保持博采众长的意识。

（九）团结和睦

大学是人办的。每一所成功的大学，都刻有某一位校长心血与才智的印记。如卜舫济与圣约翰大学，张伯苓与南开大学，蔡元培与北京大学，梅贻琦与清华大学，竺可桢与浙江大学……这些显赫的名字，已经成为 20 世纪上半叶中国大学教育光辉的代名词，更让人难忘的是他们以卓越的心智、包容的心胸，团结师生，共赴国难的一幕幕场景，至今仍被人们久久追慕与深切缅怀——西南联大校长梅贻琦常常与闻一多饮酒小酌，在西南联大为躲日本飞机轰炸，师生跑警报成为日常活动，在郊外山区，师长切磋学问，谈笑自若，有人在防空洞中刻上对联"见机而作，入土为安"，正是这种凝聚团结一心的力量，化解了黑云压城的紧张，西南联大在这种教育氛围中，取得了前所未有的教育奇迹。

胡锦涛同志关于社会主义荣辱观的"八荣八耻"重要论述，既是对中华民族传统道德的精辟概括，又是把传统美德赋以鲜明时代精神的核心理论。它明确了当代中国最基本的价值取向和行为准则，为我们特别是青少年树立

正确的世界观、人生观、价值观提供了一个准绳，为承担着人才培养、知识创新和传承文明重要任务的高校指明了思想道德教育方向；其中"以团结互助为荣以损人利己为耻"，要求高校必须重视并加强学生团结互助精神的培育，这给高校学生思想政治工作提出了一个赋予时代特征的研究课题。作为高校教育工作者，必须认真研究高校学生团结互助精神培育面临的问题，积极探索行之有效的培育途径。

1. 在大学生中培育团结互助精神是建设和谐校园的必要条件

荣辱观是社会价值观和个人人生观的体现，它渗透在整个社会生活之中，影响着社会的风气，标志着社会的文明程度。因此，树立社会主义荣辱观，是构建和谐社会一个根本性的问题。高等学校是传承文明、创造知识、服务社会、传播文化的多功能社会组织，高校的和谐对社会和谐无疑会起到一种示范作用，进而辐射并推动整个社会和谐的建设。然而，构建和谐校园是一个庞大而复杂的系统工程，它的实现需要各方面因素的积极配合，需要全体师生的团结互助，共同努力。人与人之间的团结互助、和睦相处，也是和谐校园的应有之意。因此，我们必须在大学生中培育团结互助的精神，把我们的校园建设成为和衷共济、团结互助的校园。

2. 在大学生中培育团结互助精神是推进素质教育的客观要求

什么是素质教育？中共中央、国务院《关于深化教育改革全面推进素质教育的决定》明确提出，实施素质教育，就是全面贯彻党的教育方针，以提高国民素质为根本宗旨，以培养创新精神和实践能力为重点，造就有理想、有道德、有文化、有纪律的德智体美劳全面发展的社会主义事业建设者和接班人。可见素质教育固然要求学生具有扎实的科学文化知识，但同时要求学生具有高尚的思想道德品质。青年学生作为 21 世纪社会主义事业的建设者和接班人，是我国推进改革开放和现代化进程中的一支重要力量，他们的素质和能力直接关系到民族的兴衰和国家的未来。高等学校作为为国输送人才的重要基地，必然要适应社会的主流价值观念，适应社会道德的评价标准，其所培养出来的学生才是符合素质教育培养目标、符合社会发展需要的人才。而随着现代化程度的提高，社会分工越来越细，人与人之间的联系也更加紧密。因此，当前社会对人才的需求取向已经由单纯的注重业务素质转向注重综合素质，尤其注重从业者的团队意识与团队合作精神。这就要求高等学校应有意识地在大学生中培育团结互助的精神，加强团队协作能力的培养，促进学生的全面发展，全面成才。

3. 在大学生中培育团结互助精神是青年学生个体发展的内在动因

大学阶段是人生发展的重要时期，是大学生世界观、人生观、价值观形成的关键阶段。现代社会生活的多样性，固然给了每个人选择自己生活方式的自由，但不论怎样选择，是非、善恶、美丑的界限是绝对不能混淆的，坚持什么，反对什么，倡导什么，抵制什么，都必须旗帜鲜明。胡锦涛同志关于"八荣八耻"的讲话正是为广大青年学生树立了看得见、摸得着的行为规范和准则，也为高等学校思想政治教育的开展确立了鲜明的导向。在大学阶段给予青年学生正确的荣辱观教育，帮助他们形成正确的是非、善恶、美丑观念，对于他们今后人生道路的选择具有极其重要的作用。其中，在大学生中培育团结互助精神亦是关键一环。当代大学生由于独生子女居多，成长环境较为顺利，其生活方式、思想观念、价值取向都发生了较大的转变。他们的心理承受力、意志力相对薄弱，凡事会自觉不自觉地从自我出发来考虑，比较关注自我价值与自我利益的实现，社会责任感较为缺乏，团队合作精神欠缺。因此，引导大学生在集体中磨砺自己，在集体中学会如何与人相处，如何与人共事，在集体中体验团结互助的巨大能量，对青年学生的成长成才无疑更加有利。

（十）安定有序

"和谐"是指以人为核心的多种要素的协调发展。"以人为本"是构建和谐社会的直接理论前提。"和谐社会"在形式和内容上都是人的本质联系的总和，是人的总体性和社会总体性的统一。建设和谐社会的核心要求是坚持以人为本。因此，必须在以人为本的理念指导下，构建安定有序、安全稳定的校园创建工作体系。在这一理念指导下，高校的安全稳定工作应从以下四个方面把握：

1. 明确一个指导思想

安全，是人类社会赖以生存进步的重要前提，是保障社会文明进步、经济、科技发展的首要条件。"安定有序"是和谐社会的六大基本特征之一，是建设和谐社会的重要保障。打造平安校园，构建一个安定有序、秩序井然、融洽祥和，职工安居乐业、学生健康成长的校园环境，是落实以人为本社会主义核心价值观的需要，也是维护高校安全稳定、构建和谐大学的重要举措。胡锦涛同志指出："我们要始终牢记，没有稳定的社会局面，就什么事也干不成。"高校没有安全稳定的校园环境，构建和谐大学就无从谈起，学校事业就难以健康发展。做好新形势下的高校安全保卫工作，必须坚持以人为本的理念，以科学发展为指导，紧紧围绕建设和谐大学这一战略任务，按照构建和谐大学的总体要求，抓住打造平安校园这个关键，转变观念，创新思路，改进方法，不断提高安全稳定工作的有效性。

2. 突出两个服务

维护学校稳定，保障校园安全，其最终目的是为广大师生员工服务，为教学科研服务。"情为民所系，权为民所用，利为民所谋"，坚持以人为本，打造平安校园，始终牢记两个服务，把广大师生员工的利益和学校建设发展的利益放在首位，大力营造"全力以赴抓教学，一心一意搞建设，同舟共济干事业，群策群力图发展"的良好氛围。只有不断提升安全稳定工作的有效性，才能赢得广大师生员工的理解和支持，调动一切力量，群策群力创建和谐校园。

3. 抓住三大环节

(1) 科学预案创平安

高校是一个政治敏锐、人口密集、高科技人才集中的特殊集体，常常成为犯罪分子侵害的重要目标。一旦发生恶性事件，社会影响巨大。"安全第一，预防为主"，必须对可能发生的突发性事件进行认真研究，制定出合理的处置突发性事件的应急预案，提升安全保卫工作的主动性。

(2) 队伍建设保平安

坚持以人为本，抓好队伍建设。没有一支政治过硬、业务熟练、作风优良的安全保卫工作队伍，再先进的设备和技术也不能形成战斗力。要不断提高保卫干部的科学文化水平和业务素质，不断加强技术装备，提高保卫队伍的反应速度和处警能力。

(3) 科技保障建平安

"科技是第一生产力"，打造平安校园也应向科技要效益，向科技要平安。欧美发达国家高校安全保卫的一条重要成功经验就是充分利用现代电子、网络技术，建立集监控、报警、消防、调度为一体的监控报警系统。以监控中心为核心，连结分布在校园各处的监控、报警、求助设备，构成一张庞大严密的安全防范网络。技防可以大大提升安全防范和处置突发性事件的效率。

4. 建立四大机制

(1) 安全预防机制

有防则安，疏于防范，安全事故则生，这是不以人们主观意志为转移的客观必然。实践表明，排查安全隐患是落实预防为主的有效途径。学期始末，集体重大活动，公共聚集人员密集场所及学生公寓、食堂、重点实验室、消防设施和重点部位等，要进行安全隐患排查，发现问题及时整改，确保学校安全。

(2) 安全管理整治机制

安全管理与整治是打造平安校园的重要手段。对校内治安安全与公共安全方面存在的问题要及时进行综合整治。坚持高标准，严要求，对安全隐患要登记建档，限期整改，建立安全整改责任制。

（3）安全监督指导机制

严格的监督指导机制是打造平安校园的重要环节。建立多种形式的安全监督机制：如经常开展校内安全检查，建立安全事故通报制度，自觉接受群众和舆论监督等。对职能部门、院系、直属附属单位实行"谁主管、谁负责"的安全责任制，签订年度责任状，定期检查落实情况，充分发挥安全保卫主管部门的督促指导作用。

（4）安全教育及激励机制

安全教育是实现平安的保障。可开设法制安全教育课、举办安全知识讲座、开展安全知识培训及竞赛、进行消防安全知识演练等，采取多种形式和途径在师生中进行安全教育。此外，对领导重视、制度健全、措施落实、未发生安全突发性事件、成绩显著的单位，给予表彰奖励；对安全工作不力，疏于防范以致突发安全事件影响较大的单位，实行黄牌警告、一票否决和责任追究制。

第二节 高校和谐校园的特征

和谐校园并非是一团和气式的校园，也不是个性被压抑、矛盾被遮掩、问题被搁置、人性被扭曲的所谓稳定局面，而是学校各系统、各要素间的协调运转，是学校、教师、学生整体的协同发展，是师生之间的和谐相处、师生与校园环境的和谐相处，师生行为与学校管理的协调统一。表现为校园组织结构要素的和谐、教育环境的和谐、人际关系的和谐等等。人、事、物、景、情的和谐是和谐校园的基本要素。

一、人的和谐是关键

校园和谐最为关键的因素是人。人的和谐与否，决定了校园和谐的成败。校园中的人，主要由领导干部、教师、学生三类人构成，而其中领导班子的和谐是关键中的关键，干群关系和师生关系的和谐是基础。校园是否和谐，首先就看这个学校班子是否和谐，这是由领导班子的特殊地位和作用决定的。

领导班子的和谐并不是说领导班子没有矛盾、不允许产生矛盾，也不是班子内部只有一种声音、一种意见，而是坚持民主集中制的和谐。这就是说，领导班子的和谐，是不同意见充分讨论甚至思想交锋但又形成一致意见和决议的和谐。在这一过程中，班子"一把手"的言谈举止和所作所为是关键与核心。"一把手"坚持民主集中制，让大家充分说话，畅所欲言，又善于引导和集中大家的意见，形成决议和决定，这样的领导班子必然是一个心情舒畅、生动活泼、充满活力的领导班子，也必然是一个和谐的领导班子。当然班子的其他成员对于构建和谐的领导班子也负有义不容辞的责任。

事实告诉我们：没有领导班子的和谐，肯定就没有干群关系的和谐；而没有干群关系的和谐，一般就没有师生关系的和谐。如何建立和谐的干群关系和师生关系，应当说领导干部和教师始终处于主导地位。

二、事的和谐是核心

一个校园是不是和谐，除了要看领导班子的和谐、看干群关系的和谐、看师生关系的和谐以外，还要看是不是抓事业，树正气。事业发展兴旺，师生心气很足，正气蔚然成风，这极有利于构建和谐校园，否则就是相反的结果。如果学校教育教学质量萎缩萧条，前景堪忧，前途无望，家长投诉多，社会意见大，上级追究严，肯定是人心惶惶，人心涣散。连生存和发展都成问题的学校，肯定是无和谐可言的。

由此不难看出，事的和谐是校园和谐的核心所在，校园的和谐也是通过校园内大小事体现出来的。

校园的中心工作无疑是教书育人，所有的事都是围绕这个中心工作进行的。岗位的设置、人员的安排、德育活动的组织实施、教学活动的设计落实、校园建设与后勤服务的保障、教职员工的考核评价等大小事无一不关系到校园的和谐，而所有的事均靠人来组织落实，因此，学校的事业要兴旺发展、要充满活力与生机，关键在人。

三、物的和谐是保障

和谐的人际关系、干事办事的良好氛围，没有物的和谐肯定是难以为继的。这里的物既指显性的客观物资条件，又包含隐性的规章制度、管理措施。物的和谐既表现为学校教育教学设施配置的和谐、教职员工福利待遇的和谐，更表现为学校规章制度、组织管理的和谐。

学校教育教学设施配置是否和谐，关键看其是否有利于教育教学活动有效地开展，是否有利于学生身心发展。如有的学校班级人数超过七十人，课室挤得水泄不通，前排的学生桌椅顶在黑板前，是为不和谐；有的学校为更多地容纳学生而将功能室改为课室，学生动手实践的活动空间几乎没有，是为不和谐；有的学校教学区与运动区、生活区功能不分或混杂一体，是为不和谐。

相比显性的物的和谐，隐性的物的和谐显得更为重要。学校的组织管理、规章制度特别是奖优罚劣的机制的健全和谐，是维系校园和谐可持续性发展的保障。如学校各岗位的"职责""安全管理制度""奖教奖优条例""教职工考核评比条例"等各项管理规章制度是否健全完善，直接关系到学校各项教育教学活动组织实施的成效。

四、景的和谐是窗口

校园的和谐是有外在的表现形式，是可以主观感知的，这即是校园的风景。这景是由人、事、物构成的。人是这风景的主宰，是这风景的主角。和谐的校园每一人、每一事、每一物都应该是一道靓丽的风景，都表现出校园的和谐。如师生良好的精神面貌、行为习惯，生动活泼的教育教学活动，布局科学合理洁净的校舍、花草树木等等，均是展现校园和谐的窗口。

这个窗口是动态的，而且是感性的。女生吊带露脐衫、男生黄毛怪装在T型台上、街头是景，但在严谨、活泼的学校绝不是景；高声喧哗、追逐打闹在市场是景，但在求知务实的课堂绝不是景；大型豪华音乐喷泉在星级酒店前是景，但在活动空间有限的校园绝不是景。

校园景的基调是洁净、整齐、有序、合理、规范，并且是充满生机与活力的，极具特色与表现力。透过这个窗口的任一景，就可以感知校园的文化与校园的和谐。

五、情的和谐是基础

人的和谐、事的和谐、物的和谐、景的和谐，都是以情的和谐为基础的。人决定了事、决定了物、决定了景，人是关键；而人是有情感的人，人是情的载体，情是人的灵魂。因此，情的和谐是人、事、物、景和谐的基础。

情的和谐应该是领导干部情的和谐、教职工情的和谐、学生情的和谐的内在动力。在校园三大主流人群里，领导干部因其特殊地位和作用在很大程度上影响着教职工的"情"，而教职工也因其工作性质与特点在很大程度上主导着学生的"情"。由此，领导干部情的和谐最为关键，教职工情的和谐最为重要。

第五章 高校和谐校园建设的文化创新

正如建设和谐社会的一个重要内容是建设和创新文化，建设大学和谐校园中的一个重要渠道也是建设和创新大学和谐校园文化。《中共中央国务院关于进一步加强和改进大学生思想政治教育的意见》和《教育部、共青团中央关于加强和改进高等学校校园文化建设的意见》都明确指出，高等学校校园文化是社会主义先进文化的重要组成部分。

根据上述有关精神，可以看出，以和谐来审视校园文化建设，必须以社会主义核心价值体系为根本，始终坚持对先进文化的弘扬，这对于建设和谐校园，进而为构建和谐社会做出贡献都具有十分重要的现实意义。但是，在具体的大学工作中，如何实现文化创新，以达到和谐大学校园建设的目的呢？为此首先需要了解校园文化方面的有关内容。

第一节 校园文化概述

一、什么是校园文化

什么是校园文化？"校园文化"由两个概念组成，即"校园"与"文化"，了解校园文化的定义，首先要了解这两个概念。不过，无论对于从事教育工作还是不从事教育工作的人而言，校园是一个不难理解的概念。那么"文化"呢？正如有不少学者指出的，文化看似好理解，而实际上是一个"不说我还明白，越说我越糊涂"的概念。

（一）文化

在学术研究史中，关于"什么是文化"的问题，有许多学者从不同角度做出了回答，这些回答对于我们理解文化概念具有重要的启示。

著名的文化人类学家本尼迪克特（Benedict）指出，所谓文化即"通过某个民族的活动而表现出来的一种思维和活动方式，一种使这个民族不同于其

他任何民族的方式。""人类学之父"泰勒（Edward Burnett Tylor）的定义则
是被广为引用的。泰勒认为，"文化或文明，就其广泛的民族学意义来说，是
一复合整体，是包括全部的知识、信仰、艺术、道德、法律、风俗以及作为
社会成员的人所掌握和接受的任何其他的才能和习惯的复合体。"泰勒之后
对文化的定义做出重要贡献的有文化人类学家克鲁克洪（Clyde Kay Maben
Kluckhohn）。克鲁克洪在对 1871～1951 年间 160 多种文化的定义做出比较
与分析之后提出，所谓文化是指"历史上创造的生存式样的系统，既包括显
性式样又包含隐性式样；它具有为整个群体共享的倾向，或是在一定时期中
为群体的特定部分所共享。"在关于文化概念的探讨中，克鲁克洪对文化的分
析的重要贡献在于：一是强调文化不仅有显性的形态，还有隐性的形态。二
是强调了文化的"群体共享"的特征。

　　有人根据对文化的分析，认为在理解文化概念的过程中要注意其以下几
个方面的特征：第一，文化是通过知识、行为、信仰、艺术、风俗习惯等等
形式表现出来的，既具有显性的表现形式，也具有隐性的表现形式；第二，
文化是群体性的，而非个体性的；第三，文化具有两个核心方面：价值观念
和思维方式。具体而言，不同民族、地域、种族、阶层、性别的人们在价值
观念和思维方式方面是不同的，通过知识、行为、信仰、艺术、风俗习惯等
显性或隐性的形式表现出来。

　　上述观点不无道理，但是除此之外，文化还有一个重要的方面需要注意，
即文化不仅具有静态的表现形式，也有动态的表现形式。荷兰哲学家皮尔森
（Peursen）指出："'文化'这个述评与其是名词，不如说是动词。它主要不是
意指包括诸如工具、图画、艺术作品，更不消说博物馆、大学楼、税务所等
在内的客体或产物，而是首先意指人制造工具和武器的活动；舞蹈或念咒的
礼仪；……"。他进而指出，这些方面对人具有影响，"所有的文化，即使是
最原始民族的文化也不例外，都可以看作是人对周围力量施加影响的方式"。
而本尼迪克特所指出的，文化通过活动表现出来，也表明了文化不仅表现为
静态的物，也呈现在动态的各种活动之中。

　　文化是动态的，这一点还可以从词源说的角度来分析，在汉语文献中，
"文化"一词大概出现于西汉刘向的《说苑·指武》中，即"凡武不兴，为不
服也，文化不改，然后加诛"。可见，此处的"文化"具有"文治"和"教化"
的意思，与"诛"或"武治"是相对应的。"文化"具有"教化"之意，显然
表明了本文在研究和谐大学校园建设时要花专章探讨校园文化的意义之所在，
也显然表明了文化也呈现为动态形式。在西方文献中，最早出现文化的英文
词 culture 是在西塞罗的《图斯库卢姆谈话录》中提出的"性灵培养（culture

animi）"，culture 在此处的用法是引申的，即把其原先所指的"种植"农作物或水果等植物以获得收获的意思引申为"培养"人的"性灵"。卢梭在《爱弥尔》第一卷中写道，"我们栽培（culture）植物，使它长成一定的样子，我们教育人，使他具有一定的才能"。卢梭的话表明文化是一种具有教育作用的活动。

综上所述，我们可以认为，文化体现在知识、艺术、道德、风俗等静态的物或动态的活动中，体现了一定群体的价值观念和思维方式，它通过隐性或显性的方式发挥着影响。

（二）校园文化

对于校园文化的概念，我们也可以从借鉴已有学者的研究来入手。有学者认为"校园文化即是学校组织的以学生为主体的社会群体文化"，另有学者提出了稍微有些不同的观点，指出"校园文化泛指全体学生与教职工直接参与创造的精神财富"。可以看出，两者的共同之处在于指出文化是可以建设的—"创造"的；不同之处在于，前者的主体是"学生"，而后者的主体是"全体学生与教职工"。

一些学者关于学校文的界定对我们理解校园文化也是有启发意义的。顾明远先生主编的《教育大词典》指出，学校文化是"学校内有关教学及其他一切活动的价值观念及行为形态"。

另有学者，"学校文化是学校所特有的文化现象，是以师生价值观（学生为主体、教师为主导）为核心以及承载着这些价值观的活动形式和物质形态。包括学校的教育目标、校园环境、校园思潮、校风学风以及学校教育为特点的文化生活、教育设施、学生社团组织、学校传统习惯和学校的制度规范、人财物等内容。""学校文化是在一定的社会历史环境中，学校和学校教职工在教书育人和组织管理中，为追求和实现共同目标而逐步创造和形成的观念形态和文化形态的总和，它包括价值观念、行为准则、道德规范、心理趋向以及规章制度、校风校貌、学校精神和学校形象等。""学校文化是学校全体成员或部分成员习得且共同具有的思想观念和行为方式等。"

仔细一下，可以发现，上述一些观点主要是从两大方面来分析校园文化的，一是从校园文化的具体内容的角度，如价值观念、行为准则、道德规范、规章制度、校风校貌、校园思潮、校风学风、教育设施、学生社团组织、学校传统习惯、人财物等内容，这对于我们具体认识校园文化，即认识具体形态的校园文化具有重要的参考意义；二是从校园文化的主体的角度来分析的，如"学生为主体、教职工为主导"，或者说是"学校和学校教职工""学校全体成员或部分成员"。

此外，还有些观点认为校园文化是课外活动，即认为校园文化是指以学生为主体开展的课外活动；认为校园文化是第二课堂，即是第一课堂的延伸；等等。这些观点均从某一个角度或方面分析了校园文化的部分内容，是比较狭隘的，没有能够对校园文化内涵做出全面概括。但是，分别从不同的角度进行，对于我们认识校园文化还是具有启发作用的。

综合上述关于文化的定义和校园的独特特征，我们认为，可以从校园文化的主体来充分、深入地认识它，但是不同于上述有关观点的是，建设和谐的校园文化，必然强调全校全体成员的参与，因而其主体应该是全校全体成员，具体来说则是包括学生、教职工（教师为主体）。但是，此外还有作为一个整体的学校，因为一些校园文化的产生和发展既非源于学生，也非源于教职工或二者的共同参与，而是源于作为一个整体的学校，例如学校的建筑设施、学校的规章制度等。在内容上，上述方面涉及学校的方面，如果根据有关泰勒所指出的文化"包括……和任何其他才能的复合体"来加以罗列的话，总会挂一漏万。但是，根据前述有关分析，无论文化包括什么样的内容，应该体现稳定性的价值观念和思维方式，否则就不能称为文化，所以这一点必须提出来。因而，我们可以将校园文化定义为：以学生、教师和其他教职工以及作为整体的学校为主体形成的，体现了一定的价值观念和思维方式的物质设施、学生社团组织、学校传统习惯和学校的制度规范、校园活动等。

二、校园文化的类型

尽管给校园文化下了定义，但是要更为明确地认识校园文化，我们还可以对校园文化进行分类。根据不同的标准，可以将校园文化分为不同的类型。

（一）根据存在形态，可以将校园文化分为物质文化和精神文化

校园文化中的物质文化和精神文化是根据校园文化的存在形态是物质的还是精神的来划分的。物质形态的文化是指各种物质性的存在与构成，例如从不同层次来说，包括学校整体物质环境、学校各种建筑设施、教学楼、运动场、图书馆、宿舍、餐厅；再细化的话涉及学校各种建筑设施的设计与安排，以教学楼为例，如走廊、教室、厕所的空间布局和内部设计与装饰等等。

由于物质文化形态多种多样，不同类型、不同地域、不同时代和不同层次的学校，其物质文化呈现出不同的形态，例如，由于不同地域的原因，南方的校园物质文化多秀气，而北方校园的物质文化多大气；中小学建筑设施的物质文化体现出规范，例如楼梯边的由学校统一喷涂的象征"靠右走"的

"小脚丫"和走廊里的"轻声慢步"的标语，而大学建筑设施的物质文化则体现自由和开放得多，例如，提醒人关教室门上的"随手关门"字样的旁边可能被学生们随意贴上一个"笑脸"的符号，或者以其他诙谐的语言来代替。这也启发我们，应该考虑校本身的特征，以创建适合学校的校园物质文化。也只有合适本校的校园物质文化，才能有助于和谐校园的建设，否则则会影响和谐校园的建设。

精神文化是指学校的价值体系、教育观念、道德情感、精神氛围、心理倾向等。一般来说，精神文化体现在学校的校训、校歌、规章制度等方面。精神文化是校园文化的重要组成部分。由于它反映了一个学校的精神面貌和价值观念方面的特征，因而常常被认为是校园文化的核心和灵魂。在大学校园文化中，当然也是如此，对大学产生着重要的影响。一所大学的校园精神文化是否健康，直接关系到大学师生员工的精神风貌是否良好，思想是否积极向上。精神文化的严谨或活泼也关系到大学教风学风严谨或活泼。例如，以我国最为著名的两所学府北大和清华的校园精神文化来说，清华校训为"厚德载物，自强不息"，强调严谨、踏实，由此形成清华非常踏实的学风。而北大在建校之时就提出"兼容并包"，强调自由和开放，由此形成了北大具有活泼特点的精神文化。

不过，在一所大学里，精神文化和物质文化并不是截然分开的，达到"物化"，以向全校师生员工彰显，达到"育人"的目的，例如，一些学校将校训刻在显目的建筑物上，或者印在文化衫上等；而物质文化的建设过程中应该尽可能体现和进一步强化精神文化。

例如，在一些学校整体布局上体现学校严谨或活泼的精神风貌，显目的路口展示学校的有关规章制度等。精神文化与物质文化达到相互融合，也是和谐的大学校园文化建设的要求。

（二）根据文化主体，校园文化分为学生文化、教师文化、学校组织文化

这一种分类在前面有关内容中已经有所涉及，例如，有的学者关于校园文化的分析就是从文化主体角度着手的。但是也如同前文所指出的，认为校园文化是关于学生的文化，或者认为是学生为主体、教师为主导的文化，或者认为是全体师生员工的文化，这些观点均是不全面的。建设和谐的校园文化，必然强调全面的文化主体观，但是校园文化中还有既非以学生也非以教师为主体的文化，这种即是作为组织的学校为主体的。因而，从文化主体的角度来给学校文化分类的话，可以将之分为学生文化、教师文化和学校组织

文化。

学生文化当然是指学生为主体的文化,这是校园文化中的一个重要的部分。关注学生文化的重要性,一是因为学生所处的大致相同的年龄阶段、共同的学习任务、在教育教学中的学习者角色、在社会中的学生身份等原因导致其文化具有独特的、稳定性的一些特征,这些特征影响着学生的学习,因而应该加以重视。二是因为在当今时代,越来越强调尊重学生,重视学生在学习中的主体地位,因而对学生文化也应该给予特别的关注。尤其在大学校园里,由于学生的年龄达到或接近成人年龄,其独立性和自主性更强,再加之大学学生的自由时间比中小学学生更多,因而他们具有充分的时间"创造"和"建设"他们自己的文化,所以其文化可能更为丰富多样,并对他们的学习产生比在中小学更为重要的影响。

一般来说,教师是学校教育教学活动的主导者,当然也是学校文化的一个重要主体。在一定程度上而言,由于教师的主导地位,教师文化也引导着学校文化的发展。正如梅贻琦认为:"所谓大学者,非谓有大楼之谓也,有大师之谓也。"进一步而言,对于大学校园文化来说,学术文化是其区别于诸如企业、国家机关、社会团体等组织的一个重要的甚至根本的特征,而学术文化的主要生产者就是教师,因此,在创建和谐的大学校园中,教师文化是一个非常关键的方面。

从文化主体角度来说,校园文化除了以学生和教师为主体之外,还有一些是以学校为主体的,例如关于学校整体布局呈现出的文化、学校建筑文化、学校有关规章制度文化、校训、校歌等。虽然这些方面有时需要通过教师或学生的活动才能更好地体现出来。例如,校歌可能是学校校友或当下师生员工谱写的,而且当教师或学生活动中唱起校歌时,其意义可以更为明显地体现出来,但是,我们从来不说校歌是教师的或学生的校歌,而说是某一学校的校歌,也不能说校歌反映教师或学生的某种精神风貌,而说体现学校的某一方面精神风貌。因此,诸如校歌所体现的文化其主体是学校组织。

第二节 和谐大学校园的学生文化

如前所述,学生文化是指以学生为主体的文化,具体来说,则是大学生这一群体所特有的稳定性的价值观念、思维习惯和行为方式。在和谐大学校园文化建设中,关注学生文化具有多方面原因,一是学生是校园文化主体中最大的群体,大学学生文化是大学校园文化的重要组成部分;二是学生文化影响着学生的学习和学校教育教学工作的开展,对和谐大学校园的建设具有重要影响；三是在强调学生主体性当今时代，学生文化自然不可忽略，尤其是具有较强的独立性和自主性的大学学生文化，应该成为大学校园文化建设的一支重要力量。

一、大学学生文化概述

（一）大学学生文化的定位

在大学校园文化中，大学学生文化处于_种什么地位？我们如何给他定位？这是我们认识大学学生文化的一个首要方面。只有定好位，才能确定促进其发展的目标和举措，并协调其与大学校园其他方面的关系，进而推动和谐大学校园的建设。

关于学生文化在校园文化中的定位，学者们给出了不同的观点。例如，有的学者认为，学生文化是一种亚文化，学生文化"本身也主要表现为学校中的一种亚文化"。在汉语中，"亚"即"次"的意思。国外一些学者直接将学生文化称为学生次级文化，所谓次级文化，顾明远先生主编的《教育大辞典》指出，"一个社会中的各种不同的团体，其组成分子常常有特定的价值观念和行为形态，与社会的一般文化有关、却又有其自身特征的文化。一个复杂的社会文化，不仅有其统一的共同成分，同时还有种种不同的次级文化。"

自从美国学者西奥多·西扎克在《反主流文化的形成》中最早提出"反主流文化"一词以后，一些学者也认为学生文化具有叛逆性和前卫性，是反主流文化或非主流文化。后来，又有学者也因学生文化的叛逆性和前卫性提出其是反社会文化。具体来说，例如，在当今我国时代，大学生在对待婚姻、恋爱的态度和行为方面，在服饰、发型的追求方面，在生活方式的选择方面，常常超越于社会主流，有些方面甚至与社会主流所认可的价值取向发生冲突，因而被认为是反主流文化、非主流文化或反社会文化。

我们认为，作为大学校园文化的"子集"一分子的大学学生文化，与大学教师文化和大学组织文化应该是同等地位的关系，是大学校园里的一种亚文化，也是一种次级文化。但是"亚文化"或"次级文化的定位"并不表明大学学生文化是反主流文化、非主流文化或反社会文化。正如有学者指出的，亚文化在某些方面有别于主流文化，但是它是在主流文化的基础上发展起来的，与主流文化在一定程度上是相联系的，它们之间虽然相异，但是大多并不相斥。如果因为大学学生文化具有其独特性，其文化特征与社会大文化和整个校园文化有不一致的地方，甚至出现相反的方面，而认为它就是非主流文化或反社会文化，则是错误的。导致这些观点的原因，可能是只看到大学学生文化中的不健康的一方面，而没有全面地了解它；或者是以成人的或社会的眼光和标准来评价大学学生文化，没有从学生视野来出发，没有认识到学生的主体性。而且，如果认为大学学生文化是非主流文化，则抹杀了学生的主体地位，使其与学校中的其他主体关系失调，这对建设和谐大学校园是非常不利的；还抹杀了大学学生文化的创造性和文化时代性特征，对于促进大学生发展和整个大学质量的提高也是不利的，对于和谐大学校园的创新与建设更是不利的。

（二）大学学生文化的类型

从不同的方面，可以对大学学生文化进行不同的分类。1966年，美国学者克拉克和特罗根据大学生对所属大学的认同及他们对知识学习的关心的程度，把大学学生文化分为四类：即学业型文化、娱乐型文化、职业型文化、非顺应型文化。

日本教育社会学研究专家片冈德雄根据"偏离教学—顺应教学"以及"主体性学习—非主体性学习"的标准，把大学学生文化分为探求型文化、娱乐型文化、顺应型文化、顺应探求型文化四种类型。以上两种分类主要是从学生学业的角度进行分类的，另外还有一些学者从学生的社会身份的角度进行分类，例如从学生的阶层、民族、性别等身份角度着手，认为从上述身份而言的不同学生群体具有不同的特征，如男大学生与女大学生的群体文化特征，农村大学生与城市大学生群体表现出不同的文化特征。还有学者根据学生在大学中参与的主要活动对大学生文化进行分类，例如将大学生文化分为娱乐型、学习型、交友型。

关于大学学生文化类型的研究使我们对其更为全面和深入地认识。不过，本文在此不对大学学生文化进行所有分类的分析，实际上这也不大可能。但是，需要进一步指出的，从对大学学生文化类型的研究中，我们可以看出，大学学生文化并不是铁板一块的，而是丰富多样的，从不同的方面可以将之分为不同的类型。这一点提醒我们，在了解、研究、指导大学学生文化发展时，不能以某一类型文化代替整体的或其他类型大学学生文化。尤其是在建设和谐的大学校园文化中更应该注意这一点。

（三）大学学生文化的成因

1. 大学本身的影响

不同大学的学生呈现出不同的文化风貌，其原因就是他们处于不同大学的原因。例如，大学的性质和办学定位的影响。美国的公立大学和私立大学之间在性质和定位方面的差异就影响了其学生文化。公立大学投资来自公众纳税人，因而招生也面向广大的公众，由此导致学校规模很大，学生来源多样，人才培养侧重于一般的应用教育，教学以大班授课为主。而私立大学的资金来源于私人，投资收益对其而言是非常重要的，所以其学费很高，招生主要面向富人阶层或权势阶层。在人才培养方面，以所谓"高雅教育"为主，其主要目的是培养社会精英。学生来源的差异和人才培养方面的差异导致产生了两种差异显著的学生文化。

此外，大学的办学理念对学生文化也产生很重要的影响。以我国著名学府北京大学为例，蔡元培先生任北京大学校长时提出的"学术自由、兼容并包"的办学理念一直延续下来，成为北京大学的优良传统，这一理念使北京大学的学生文化具有开放、自由、活泼的特征。

2. 年龄

"代沟"是当前社会经常被提及的一个词，这个词揭示了由于年龄—"代"—而导致不同年龄群体之间出现差距，这种差距即由"沟"形象地表达出来了。由此可以说明，年龄是影响人们成群、进而形成群体特征的一个重要因素。大学生群体的文化特征也是由其年龄导致产生的。上大学的学生之间年龄是差不多的，有时在同一年级中有众多的学生处于同一年龄。年龄相同或相差不大的学生使他们在身体发育、知识学习、融入社会程度等方面具有共同的特点，从而也使他们这一群体表现出所独有的文化特征。

年龄对大学生文化的影响表明，在建设大学生文化时，教育者不能以自己的年龄来评判和要求大学生，而要充分考虑学生的年龄特征及其对学生文化的影响，以便采取有效的策略。

3. 家庭

家庭的影响主要体现在家庭赋予的学生社会身份而导致形成的学生文化，例如，由于学生家庭所处的阶层、民族、经济地位、城镇／农村等等方面的差异也导致学生身份的导致，从而导致不同身份的学生成为一个群体，形成某种学生文化。

4. 时代影响

众所周知的是，不同时代大学学生的文化表现出不同的特征，就反映出时代对大学生文化的影响。大学生文化受时代影响的特征，提醒我们在建设大学学生文化中也应该与时俱进，而不能以我们过去时代的特征来要求今天的大学生。但是，在现实中，我们常常忽略了一点，经常会听到这样的说法，"现在的大学生不像话……""我们当年上大学时如何如何"之类的话。所以，在开展大学学生文化工作中，我们要增强时代性意识，以时代的眼光来分析当今时代大学学生文化。

二、大学生文化的特征

关于大学生文化的特征，有学者认为大学生文化不是学校正式建设的，因而具有非正式性；有的学者认为大学生的文化是活跃的，不具有稳定性；有的学者认为大学生文化总是具有标新立异的特点，是反社会的；等等。本研究认为，若从大学生文化成因等方面来深入分析的话，大学生的文化具有多方面的特征。

（一）正式性与非正式性

正如有些学者所云，在大学校园中，学生文化的某些方面是由学生自己在日常生活的交往中形成的，不是由学校正式建设的，是"没有经过教师的组织或有意的安排，往往是学生在日常的相互交往中，由于有着共同的价值观念和行为结为一个群体而表现出来的"，因而具有"非正式性"。但是，这并不是说，学生文化是不能够由教师和学校施加影响，事实上在有些方面，学生文化却深深地打上了学校和教师的烙印，例如蔡元培在担任北大校长时所提倡的"学术自由、兼容并包"的思想，就对学生开放与活泼的学风的形成产生着深远的影响，这种影响不能说不具有正式的特征。

如果仅仅关注大学生文化的非正式方面，一方面会使我们忽视其对学生的影响，另一方面会使我们在建设大学校园文化中忽视对学生文化的引导和建设，容易使其负面作用出现甚至扩大，这对和谐大学校园的建设是非常不利的。

（二）稳定性与活跃性

大学生文化的稳定性是由文化本身的特点所决定的。从有关文化的研究中，我们知道，文化是具有一定稳定性的某一群体的价值观念、思维方式和行为习惯。如果某一群体在价值观念、思维和行为方面易变的话，那么也不能称之为文化。因而从"文化"的定义来说，大学生文化也具有稳定性的方面。例如北京大学学生文化活泼、自由的特征保持了很多年，这则是稳定性的表现。至于大学生文化的活跃性，我想更多地可能是：第一，将之与其他群体文化而言的，例如和教师、社会有关群体比较来说，大学生的文化内容更为丰富多彩，形式更为活泼多样。第二，就其文化的某一方面而言，例如以刚刚说过的北京大学学生文化来说，从学生学风、课余社团文化活动或更为具体的服饰、语言等方面来说，则具有活泼多样的特征。这种活泼多样则是从另一层次来说的，与其总体上来说保持多年的活泼多样的稳定性是不矛盾的。

（三）向社会性与反社会性

大学生文化常常表现出前卫或与社会主流价值不同的方面，例如，当前一些大学生在婚姻和感情方面的态度和行为，在生活方式方面的特征，这容易给人其是反社会的印象。确实，大学生文化中的一些方面表现出与社会主流方向甚至我国优良的传统相悖的情况，具有反社会的性质。但是，这只是大学生文化的一个方面，而且只是部分大学生群体所表现出来的，并不能以此就认为大学生文化是反社会的。其实，从总体上而言，大学生文化是积极健康的，与社会主流价值一致的，具有向社会性。而且，当代大学还走在社会发展的前列，某些方面代表社会发展的方向，例如，大学生对环保的关注，积极参与"支教""支农"等活动以给弱势群体以关爱。

大学生文化的向社会性和反社会性我们都应该看到，而不能忽视哪一方面。重视大学生文化的向社会性，积极发挥其对大学生成长的作用，以及对社会的辐射作用，对于大学育人质量的提高和整体形象的塑造具有重要的作用。重视大学生文化的反社会性，提醒我们要时刻关注大学生的学习和生活，防止不健康的方面滋生或蔓延以及其对和谐大学校园建设可能产生的破坏作用，以帮助大学生更好地成长，促进和谐大学校园更好地发展。

三、构建和谐大学校园的学生文化

（一）和谐大学学生文化的建设要求

在建设和谐大学校园文化时，首先要明确总体要求，为此应该考虑下面两点。

第一，满足和谐社会发展对人的要求。大学学生文化是和谐大学校园文化的一个组成部分，而和谐大学校园文化是和谐社会文化的一个组成部分。因此，在大学学生文化发展的总方向必须坚持和谐社会文化发展的若干要求。大学生将是我国社会主义现代化建设的生力军和主力军，他们的未来决定着中国的未来，所以必须使学生具有符合我国社会发展所需要和倡导的主导价值观念，形成正确的世界观、人生观和价值观；具有面向现代化、面向世界、面向未来的眼光，具有科学的思维方式；养成较高的人文科学文化素质，具有良好的行为习惯，为成为未来社会的中坚力量打下良好的基础。

第二，切实促进学生的发展。这是大学育人功能的最为基本的体现，也是和谐大学校园"以人为本"基石对校园文化建设的要求的体现。大学学生文化建设要符合社会发展要求，这是大学社会责任和大学服务于社会的体现；

但是大学存在的目的也是促进个人的发展，而且只有个人发展了，社会才能发展。看起来这两者似乎是"社会本位论"和"个人本位论"，是相互对立的。但是，实际上二者并非对立，而是相互联系的，关键是如何处理二者之间的关系。二者之间的关系是可以处理好的，处理好这种关系也是个人与社会和谐的体现。首先，坚持为社会发展的大方向，以和谐社会建设的价值观引导大学生文化的发展；其次，在一些具体方面，充分考虑大学生的特点和大学生文化的特点，允许大学生文化独特性的一面存在，并且对于健康的积极向上的方面给予扶持，进一步发挥大学生文化在社会文化发展中的积极作用。

（二）建设和谐大学校园学生文化的方法

第一，长期规划，探索适宜的模式。如前所述，大学生文化具有稳定性的特征，其形成和发展不是一蹴而就的，而需要一定的时间，例如，清华大学严谨、踏实的学风不是在一年两年内实现的，而是在几年甚至几十年的时间里慢慢地积淀下来的。因而在建设和谐大学校园学生文化的时候，也需要作长期规划。并且，根据本校的实际情况，摸索适宜的发展大学生学生文化的方法和培养模式。例如，有些高校经过尝试和不断地摸索，建立了一些很有效的模式，如思想教育工作＋时尚文化模式，即在学生文化建设中，首选抓学生恩想政治工作，将党的有关政治思想落实在学生的学习和其活动中，营造健康向上的思想主旋律。在此前提下，大力倡导、引导学生热衷于积极健康的流行和时尚文化，将二者有机地结合起来。这样既使学生沿着正确的方向发展，又丰富了学生的生活。此外，还有学校摸索了主旋律＋娱乐活动模式、政治工作＋流行文化模式、学术活动＋思想教育模式、学习学风建设＋社会实践模式，等等。模式的形成学生文化的持续发展提供了有力的保障。

第二，加强教职员工职业道德建设，为学生树立风范。虽然从年龄上来说，大学生大多数已经是成人，其"学生"的身份表明在大学校园中他们仍然是学习者，是需要别人帮助引导的人。而且，达到成人年龄的大学生刚刚跨进成人的门槛，其在世界观、人生观和价值观方面还不成熟，在思考和分析问题的方式方面还有未成人的特点，在一些行为习惯的养成方面还有待加强和改进。在各方面还未成熟、还未定型的大学生容易受到外界的影响而发生变化。尤其是大学生身边的成人是他们的榜样，而"榜样的力量是无穷的"，所谓"近朱者赤，近墨者黑"，将对大学生的各方面将产生很大的影响。那么大学生身边的成人是谁呢？大学生多数离家上学，住在学校里，他们最为经常接触的成人群体就是学校的教职员工。所以，加强学校教职员工的职业道德建设，为学生树立良好的风范，对学生文化的形成和发展具有重要的作用。而且，通过教职员工的身先示范作用的影响，有助于师生良好关系的形成，这也是和谐大学校园建设的基本要求和保障。

第三，通过多种途径，精心组织校园文化活动。胡耀邦同志曾经对团委有关工作做出这样的指示：团的工作不能坐而论道，要搞活动。这句话对学生文化活动建设也很有启发意义：无论是牢牢坚持社会发展方向，还是树立很好榜样，学生文化建设最终需要通过在活动中体现并进一步发展。校园文化活动形式多样，内容丰富多彩，例如有关思想政治、科学技术、文娱体育等方面。在开展活动时，要注意结合本校传统和所能提供的条件，因地制宜，开展具有操作性和实效性的各种活动，多方面促进大学学生文化的发展；在科技日新月异的时代，还要注意积极开拓学生活动的新形式。例如，充分发挥网络等新型媒体在学生文化建设中的重要作用，拓展学生活动的渠道和空间。具体来说，可以发挥 BBS、同学录、FTP 资源等网络途径在学生文化建设中的重要作用，引导网络虚拟群体等新型大学生组织的发展，使网络成为学生文化建设新阵地，促进丰富多样的学生文化的发展。

第四，加强校园文化环境建设，发挥其潜移默化的育人作用。

我国有句古话说，"人芝兰之室，久而不闻其香"，即说明环境对人的变化具有重要影响。校园是学生活动的主要场所，校园文化环境对学生的成长具有重要的潜移默化的影响，因此在学生文化建设中应该加强校园文化环境建设。而且，通过校园文化环境建设促进学生文化发展，也是和谐大学校园建设的必然要求。在校园文化环境建设的具体内容上，可以通过校园整体布局的修饰为学生创设健康向上、干净整洁的生活和学习环境；通过在学生活动密集地方或布告栏里张贴标语或宣传画向学生传递有关价值观念；通过建设校史陈列室等展示学校办学历程和优良传统，让学生铭记和发扬学校优良作风；等等。

第三节 和谐大学校园的教师文化

教师是学校教职员工中的核心，是教育教学活动的主导者，而且从学生文化的发展来说，其在很大程度上也受到教师文化的影响，因此以教师为主体的文化在也是大学校园文化中一个重要组成部分。建设和谐的大学校园文化，必须要高度重视并发展好大学教师文化。

一、大学教师文化概述

（一）关于教师文化的定位

关于教师文化，学者们从不同的角度进行了分析。有学者认为教师文化是学校文化中的亚文化，它是教师在教育教学活动中形成与发展起来的价值观念和行为方式，主要包括教师的职业意识、角色认同、教育理念、价值取向、情绪以及行为反应等等。另有学者把教师文化看作是一种组织文化或群体文化，它是教师群体在共同的学校教育环境里，在教育教学过程中创造出来的物质成果和精神成果的总和与表现。

可以看出，学者们比较认可的是，教师文化是教师群体的文化，是学校文化中的一种亚文化。"一种亚文化"的定位，表明教师文化是在学校文化之下的，与其他亚文化—如学生文化—同属于学校文化中的一个部分。这对我们在建设教师文化时，处理其与学校文化和学生文化之间的关系具有重要意义。首先，教师文化的建设必须要考虑到学校文化的若干要求；其次，教师文化与学生文化同处于学校亚文化地位，不能以教师文化的建设来替代学生文化，而要充分考虑到学生文化的独特性，尤其是在具有高度自主性和能动性的大学里。

（二）教师文化的类型

关于教师文化类型，从不同角度出发可以进行不同的分析。如有研究者从学术职业文化、制度文化、工作文化和学科文化四个维度来探讨教师文化的问题。还有学者依据美国文化人类学家米德（Mead，M.）的"三喻文化"理论来分析我国教师文化，认为当前我国基础教育领域的教师文化属于"后喻型教师文化"，而基础教育课程改革需要"前喻型教师文化"。所谓"后喻型文化是一种变化迟缓、难以觉察的文化，其全部特点是对变化缺少认识，对现存生活方式所有方面的普遍正确性予以持久的、无可置疑的认同"。可见，后喻型教师文化的主要特征是以重复为主，缺乏创新性。而前喻型教师文化是指以开放、不断创新、面向未来为主要特征的教师文化类型。实际上，这种教师文化不仅是我国当前基础教育领域迫切需要的，培养比中小学生具有更强的自主性和创造性的大学生的大学里更需要这种前喻型教师文化。

在众多关于教师文化类型的研究中，哈格里夫斯（A. Hargreaves）的教师文化类型理论是被国内外学者广为引用的。他根据教师文化的性质将其划分为个人主义文化与合作互动文化两种，从规模、起源上将合作互动文化进一步分为派别主义文化、人为合作文化和自然合作文化。（1）个人主义教师文化是指教师奉行独立主义和不干涉主义，常常孤立地从自己的教育教学经验中学习，不与他人合作交流。（2）派别主义教师文化，是一种宗派主义的小团体文化，是指以一定背景和利益为基础的相互独立、甚至相互竞争的教师团体或派别，派别内持共同价值观，追求共同利益，派别之间交流很少，甚至在某些方面相互竞争和排斥。（3）人为合作的教师文化，是指教师之间虽然是合作的，但是这种合作受到外在行政力量的控制，即是一种外在控制的、被动地合作。（4）自然合作的教师文化，是指教师之间的合作是出于教师的自愿，是教师主动寻求与他人的合作。基于哈格里夫斯的教师文化类型理论，我国有学者在研究中把教师文化分为隔离型教师文化和合作型教师文化。从上各种关于教师文化的类型的分析中可以看出，关于教师文化的分类与教师工作或职业的认识具有紧密的联系。这一点表明，与学生在学校的主要任务是学习、主要身份是学习者相比，教师在学校中的主要任务是工作，主要身份是一名教育者。而且，不同类型的教师文化对教师工作的效果产生不同的影响。由此，提醒我们，在和谐大学校园建设中，需要有目的、有意识地建设我们需要的大学教师文化，防止不利于和谐大学校园建设的教师文化的产生和发展。

二、大学教师文化的特征与功能

（一）大学教师文化的特征

1. 自主性与非自主性

在众多从业人士中，教师被认为是具有高度自主性的一个群体。确实，与公务员受到行政限制、商人受到市场限制相比，教师在其行业里具有更多的自主性。在科研方面，可以选择自己感兴趣的研究领域；在教学方面，随着统一的教学大纲之类的东西对大学教师的约束力逐渐减小，在规定的课程名称下，教师拥有较大的自主权确定教学内容和教学方法。尤其是那些在专业领域地位较高的教师，其拥有的自主性更大。而且随着时代的发展，在宏观上学科专业趋于综合的同时，在微观上却更加分化，不同的学科专业之间的界限越来越分明并难以逾越。这使教师在自己所从事的学术专业领域里拥有更多自己做主的客观条件，在专业学术范围内的自主性不断增强。

虽然从上述方面来看，教师确实拥有很大的自主性，但是我们进一步加以深入和全面地分析，可以发现教师工作也受到很多外界的限制，因而并不是完全自主的。从行政的角度来说，大学教师是某所"大学"的教师，必须受到这所大学的行政管理的约束。从学术的角度来说，虽然可以说"学术为主"是大学教师文化的一大特色,但是正如有学者在分析世界一流大学教师文化特征时指出的,大学教师在学术上具有充分的自由和自主,但是这种自由和自主是有限的,总是伴随着一定的学术责任,大学教师的学术自由权利也是一种与学术责任相伴生的有限权利。所以,可以认为,大学教师文化既具有自主性的特征,又具有非自主性特征。

2. 专业性与非专业性

大学教师文化的专业性源于大学教师所从事的工作内容和教师职业本身的专业性。无论是在我国还是在国外的大学里,大学内部组织除了基本的行政部门之外,大多数是以学科专业而划分的院系,因而当我们说某某教师是哪所大学教师之外,常常还会提到其所在的院系。有时,不提其院系,也会提到其专业。甚至,有时大学不提,但是会提到教师的学科专业。例如,当说到费孝通先生,我们可以说"北京大学社会学系教授",但是也经常提及费孝通先生是"我国著名的社会学家","社会学系"或"社会学"就表明了费先生的专业。大学教师在相聚时,也经常会问到各自的专业学科背景,相同或相近专业的教师则会有更多的共同话题—关于专业的话题。可见,专业性是教师的一个重要特征。教师与学生及其他社会成员之间的交流更多地也是以自己所从事的学科专业为纽带的,当然这在一定程度上限制了大学教师的交流。但是,其中既有客观条件的制约,也有主观上的因素,大学教师往往不愿意或不屑于就自己专业学科之外的话题与他人交往。

需要提及的是,虽然专业性是大学教师文化中的一个重要特征,非专业性也是大学教师文化的一个重要特征。尤其是大学教师看重"学术为本",因而,学术的态度、学术流派方面的不同也是大学教师"成群"的一个重要因素。即使是同一专业的教师,如果对学术的态度不同,认可和归属的学术流派不同,那么他们在价值观念、思维方式和人际交往方面可能具有非常大的区别。而不同专业的教师如果坚持相同的学术立场,认可和偏好相同或相近的学术流派,那么他们则分享更多共同的价值观念和思维方式,可能会成为一个"群体"。

大学教师文化的自主性特征和非自主性特征的分析表明,在和谐大学校园文化建设中,要考虑到前一方面,以充分发挥教师的能动作用;也要考虑到后一方面,以把大学的发展和教师的发展有机地结合起来。关于大学教师文化的专业性和非专业性特征的分析表明,在和谐大学校园建设中,要充分考虑到专业对教师的客观影响和不同专业教师群体的特征,同时又要考虑到具体环境下大学教师之间形成的非专业性的"群体",发挥不同群体的不同力量,共同为和谐大学校园的建设做出贡献。

（二）教师文化的功能

1. 教师文化可以促进教师自身的专业发展

有关教师专业的研究表明，教师专业发展的具体内容包含教育价值观和信念、教师的专业态度、教师的专业思维方式、教师的行为习惯等方面。从中可以看出，教师专业结构中蕴涵着丰富的教师文化因素，或者说教师文化是构成教师专业发展的一个重要的组成部分。因此，教师专业发展离不开教师文化的发展，教师文化对教师专业发展有促进作用。第一，教育价值观和教育信念是教师专业发展的动力和基础。"教师文化的一个成熟表现就是教师群体拥有一种共同的教育信念，它不仅在很大程度上影响着教师的教育教学行为，而且对教师自身的成长以及教师专业发展发挥着重大作用"。具体来说，教育价值观和教育信念决定着教师专业发展的大方向，指导着教师的教育教学行为。第二，专业态度影响着教师专业发展的层次与质量。专业态度涉及教师对待学术、对待学生和教育教学工作的投入状况，因而影响着教师专业发展所能达到的水平。第三，教师的行为习惯直接展示了教师的专业风貌，是教师内在有关素质的外化，也对他人关于教师专业水平的评价具有重要的影响。教师行为习惯也是教育行政部门和学校有关领导常常评价教师专业素养的一个重要方面，并据此决定为教师的进一步发展提出什么要求，创造何种条件。所以，教师当下表现出的行为习惯在一定程度上也影响着教师专业的进一步发展。

2. 促进学生文化建设和学生成长

在建设和谐大学校园学生文化建设部分中，我们提出要建设良好的教师职业道德规范，其实就涉及教师文化对学生文化的重要影响。除了职业道德规范之外，教师文化中的其他方面也对学生文化发展和学生成长产生重要的作用，例如教师的世界观、人生观、行为方式以及教师的学术水平，等等。在大学里，教师学术文化对学生文化和学生的成长的影响尤其重要。因为，大学常常被认为是学术为本的场所，学生到大学中学习的最为核心的目的是使自己学业水平得到提高，而学术生产与发展的主体是教师，因此，教师的学术文化对学生学风的发展与倾向性、对他们的学业成长就具有重要的影响。

3. 教师文化是校园整体文化建设的基础

教师是学校从事教育教学工作的主导者，也是校园建设的主导者，因此，教师文化的好坏就会直接关系到校园文化的建设状况，可以说是校园文化建设的重要基础。关于教师文化对校园文化建设的功能，可以从以下几个方面来做具体分析。首先，教师文化对校园文化建设具有引导功能。因为教师是学校的代言人，教师文化发展必然引导着校园文化发展的方向。其次，教师文化对校园文化建设具有示范功能，教师是榜样，教师是模范，教师的一言一行都会影响学生的发展、影响到外界对学校的认识。再次，教师文化对校园文化建设具有整合功能。现代教育的开放性、学校信息来源的多重性、社会现实生活的复杂性等等，都要求教师必须对进入校园文化的社会综合文化进行"过滤"或者"加工"，取其精华，去其糟粕，重新整合校园文化，因此，教师文化发展对校园文化的发展具有整合作用。最后，教师文化对校园文化具有预警作用。教师以特有的社会教育责任感和使命感预见校园文化的未来，预防不良文化对校园的可能侵蚀。

4. 教师文化的学校管理功能

在一些企业，发现通过塑造良好的文化氛围可以促进有效的管理，例如松下和三星公司的一些管理策略。在教育领域，也有研究者发现，良好的教师文化也有助于提高学校管理工作的开展。教师的思想观念、教育理念、价值体系等文化层面的东西在学校管理中具有重要作用，既可以实现教师工作与学校工作的协调，使教师的教育教学工作与学校的整体发展方向保持一致，还具有通过教师对学生身先示范的影响而达到管理好学生的作用。从 20 世纪 90 年代开始，西方一些学校在教育界推行以教师教育价值观、教育信念和行为规范为核心的"文化管理模式"，达到了很好的效果，这种模式不断扩大，被更多的学校采纳。这种管理模式将教师文化的建设与发展和学校工作紧密地联系起来，实际上正是和谐大学校园建设的要求。

第四节 和谐大学校园的组织文化

大学就是现代社会体系中一类重要的组织系统，大学是文明的产物，是社会和谐的促进者、引领者，和谐是大学组织的本质特征和最终追求，大学和谐校园建设首先就是不断创造一种先进的大学组织文化。

一、大学组织文化概述

（一）什么是大学组织文化

要理解什么是大学组织文化，要从理解什么是组织和组织文化入手。从社会学角度，以纳德给组织下了这样的定义：组织是两个以上的人有意识地协调力量和活动的合作关系……并非是单纯的集团，而是协力关系，这是人和人之间相互的关系。可见组织中的一个重要因素是人，但是仅仅有人还不够，还要形成"协力"关系。换句话说，组织不仅是人与人组成的单纯的"集团"，还有使人与人之间"协力"的条件。这也就是我们在探讨了大学学生文化和教师文化之后，还要探讨大学组织文化的原因。

关于组织文化，有学者认为是指组织在学会对外适应环境、对内实现一体化的过程中形成的行为方式，这一方式被认为是行之有效的，并将作为理解、思考和感觉事物的正确方式被传授给新成员。还有学者论述了组织文化的要素，认为其包括仪式与日常惯例、组织标志、故事与传说、控制系统、权利结构、组织结构等。结合本章前文有关内容的分析可知，组织文化即根据文化主体给学校文化分类中的以组织为主体的文化。

根据关于组织和组织文化的理解，可以说，所谓大学组织文化，是指在大学这，样的一种组织里，以大学组织为主体而形成的一套价值观念和行为规范。

（二）大学组织文化的组成

关于组织文化的组成部分，美国学者伦恩伯格（Lunenburg，F.C）的论述是比较详细的。他认为，组织文化包括下面几个方面：可见的行为规章，在组织成员相互交流时，使用同样的语言、术语和礼节、仪式；规范，群体中的行为标准；主导价值，群体内共享的主要价值；哲学，引导组织如何对待其成员的政策；规则，组织内的行动指南，也可称之为组织新成员的"枷锁"，它使得要成为组织成员的人必须要遵循其特定的要求；情感，由组织成员相互作用或与外界相互作用而形成的氛围。伦恩伯格如此具体地将组织文化分为若干方面，对我们分析大学组织文化是很有启发的。但是，过于详细也是其分析的不足之处，不利于概括地把握组织文化。而且，大学组织文化是组织文化的一种，它具有组织文化的一般的结构特征，也有自己的特殊性。借鉴伦恩伯格的有关分析，我们可以把大学组织分为下面三个方面：

1. 物质文化

物质文化是大学组织文化的第一个层次，处于大学组织文化最为显性的层面，人们往往先从这些质文化形态上看出大学的精神面貌。它包括承载大学教育的物质基础和环境，如校园建筑；物及其布局和设计、文化景观、校服，等等。甚至校园内的花草树木、一尊塑像、一条小路、贴广告和通知的布告栏，都能透视出深厚的大学文化底蕴。

需要提及的是，学校组织文化中的物质文化和前文所提及的学校文化组成中的物质文化是不同的。例如，学生的校服体现了学校组织的要求，是学校组织文化的物质体现；但是学生自己买的衣服体现的文化特征，如牛仔裤、韩式衣服等，则代表了学生文化。学校教学楼可谓组织文化中的物质文化，但是学生宿舍装饰文化则是学校文化中的学生文化。可见，以服饰和建筑为例，学校文化组织中的物质文化和学校组织文化中的物质文化所指涉的范围是不一样的。

2. 制度文化

制度文化是大学组织文化的第二个层次，处于大学组织文化的中间层。具体内容包括大学的组织制度及人际关系，和为开展党政思想建设、教学科研及人才培养、对外交流、后勤管理、安全保障、社会服务等方面的工作而建立的规章制度，以及实行这些规章制度的各种物质载体的组织机构和设置。一般来说，制度文化是大学精神文化和物质文化的中介，大学物质文化正是通过这一中介层转化到精神文化层。

3. 精神文化

精神文化是大学组织文化的第三个层次，处于大学文化的核心层。精神文化包括大学的办学理念和整体风貌，以及师生的科学素养、人文精神、共同的行为准则、价值观念和道德规范等。大学精神文化的发展是渐进的，具有历史性，是大学一定发展阶段的产物，因而精神文化的建设要长远规划，不能操之过急；同时，大学精神文化的发展又具有时代性，随着时代的发展而要与时俱进。精神文化在发展过程中，一方面要充分发挥大学优良的历史传统，另一方面要不断吸收外部的因素，纳故吐新，使其文化既体现出历史的厚重感，又充满着时代气息和活力。

这三种层次的文化是相互联系、相互促进的，缺一不可，共同构成了整体的大学组织文化。但是，各个层次文化又具有不同特征，物质和制度文化是基础性的，精神文化是核心。大学校园建设中，既要根据它们不同特点，分别采取不同的策略，促进每一种文化的发展，又要把三者有机联系，使它们在方向上保持一致，从而达到建设和谐大学校园文化的目的。

二、大学组织文化的功能

关于大学组织文化的功能，可以从斯坦霍夫（Steinhoff）关于组织文化功能的观点中来认识。他在关于不同组织文化类型的分析中指出，对于任何一个组织来说，其组织文化均是组织的"根"。"根"的比喻足以看出组织文化对于维系组织发展的重要功能。下面我们从具体方面来分析大学组织文化的功能。

（一）导向功能

所谓导向功能，即指组织提倡什么，员工就追寻什么。良好的大学组织文化可以长期引导师生员工们为实现组织目标而自觉努力。例如，创立于1209 年的剑桥大学在建校之时提出"剑桥—求知学习的理想之地"的校训，表达了剑桥人以学识为本的办学思想，几百年来激励着剑桥师生，渗透人的内心，取得了大家的认同，使全体师生员工潜移默化地接受这一价值观，在追求知识的道路上不断前进，对于推动剑桥大学不断发展乃至一直占据世界一流大学的地位起到了一定的作用。

（二）凝聚功能

组织文化是一种黏合剂，其具体表现是从思想上、感情上增强组织的凝聚力，使师生员工形成对学校的归属感和认同感，把广大师生与学校紧密地联系在一起，把各方面的成员团结起来，促使个人的动机、行为同大学的目标相统一。具体来说，校名、校歌、校训、校徽、校旗可以作为学校的一种象征，在某些场合下代表着学校，发挥着凝聚的功能。例如，全校大会时齐声唱校歌、喊校训，参加某些校际活动时打校旗、戴校徽，提醒着师生员工他们是某一学校的一员，从而强化他们作为学校一员的"身份"，时时刻刻代表着学校的形象。哈佛大学的校训是"让真理与你为友"体现了哈佛的立校兴学宗旨——对求是崇真的追求，精确地概括了哈佛人对人与自然、人与社会、人与人的关系的深刻认识与辩证的处理方法。多年来，这一校训铭刻在哈佛师生的心中，对于凝聚师生共同追求真理的力量不无功益。

（三）激励功能

组织文化能产生一种激励机制，通过奋发向上的价值观的熏陶和良好文化氛围的引导，组织的宗旨和目标被确立起来并加以具体化，成为激发组织成员积极性的有效刺激，是调动员工积极性的重要诱因。例如，具有勤奋、向上校风的学校，可以鞭策着广大师生员工，激发他们努力向上的进取精神，并可能将这种精神内化为他们自己的一种品质，影响着师生员工今后的发展。一名心理学家这样描述激励的作用：人在无激励状态下只能发挥自身能力的10% ～ 30%；在物质激励状态下能发挥自身能力的 50% ～ 80%；在得到适当精神激励的状态下，能将自己的能力发挥至 80% ～ 100%，甚至超过 100%。物质激励到一定程度，就会出现边际递减现象，而来自精神的激励，则更持续、更强大。组织文化的激励功能的发挥是非强制性的，更多是精神层面的激励，在不知不觉的过程中，可以让师生员工受到潜移默化的影响，从而陶冶和塑造他们形成一些价值观念、思维方式和行为习惯，形成他们积极主动地奋发向上，这绝不是金钱和物质刺激所能得到的效果。清华大学的"自强不息，厚德载物"、复旦大学的"博学而笃志，切问而近思"、武汉大学的"自强、弘毅、求是、拓新"就曾经激励着一代又一代的师生奋发前行。

（四）社会发展功能

学校是社会主义精神文明建设的重要阵地，对社会产生着重要影响，尤其表现在两个方面：首先，大学校园是人才培养的基地，通过人才的培养和输出，使学校的毕业生也把优秀的校园文化带到了自己的工作岗位和生活场所当中，通过各种社会交往，使学校的校园文化传播到社会其他方面，从而对社会其他领域产生积极的作用和影响，体现出高校对社会文明进步的带动作用。其次，大学校园常常被作为一个社会高素质文化的重要代表，其文化风貌对社会具有引领作用。竺可桢称："大学犹海上之灯塔，是社会之光，不应随波逐流。"所以，大学组织文化也具有社会发展功能，对促进大学与社会的和谐发展起到了很好的作用。

（五）宣传功能

每一所大学由于历史传统、办学目标、管理方式、学科结构及地理环境和社会环境的不同，都会形成具有本校特色的独特的组织文化，与其他学校总会有所区别，主要表现在办学理念、行为规范、教风学风等方面，也充分体现在校歌、校训、校徽、校旗等物化的方面。这些具体方面在一定情况下就代表了大学，例如，听到"自强不息，厚德载物"我们就想到了清华；提到"真理与光明"，我们就会想起耶鲁。这些校训具有如前所述的导引、凝聚功能，在某些情况下比单纯的"哈佛""清华""耶鲁"更具有意味；同时，对学校也具有宣传功能，通过载体的形式容易使大学在公众中留下良好形象，从而为和谐大学校园的进一步发展寻求社会支持和合作也创造了好的条件。

综上所述，在大学承担的人才培养、科学研究和社会服务等职能的实现过程中，大学组织文化具有十分重要的作用。可以说，大学组织文化发展水平已经成为一所大学实力的重要内容。因此，在和谐大学校园建设中，需要重视、建立和发展和谐的大学组织文化。

第六章 高校和谐校园建设的制度创新

制度是约束组织和个人的行为规范统称。大学是制度文明的产物，它形成于大学制度的建立，发展于大学制度的创新。不同的人对大学制度和现代大学制度的概念理解不同，但核心都离不开制度的保障、支撑和引领作用，制度从来就是一个动态概念，任何制度都必须经历不断地变革和创新才能适应发展的需要。创新现代大学制度对我国和谐校园建设具有重大意义，它是构建大学和谐校园的基础保障和动力源泉。要构建大学和谐校园的长效机制，必须创新大学制度，实现大学管理与运行的制度化、规范化、程序化，为大学的建设和发展提供制度保障和支撑。创新我国的现代大学制度，保障和促进大学和谐校园的建设，必须坚持以人为本、与时俱进和内外协调的原则，必然在创新模式和重心等方面有新的突破。

第一节 我国现代大学制度创新的动因及轨迹分析

追求大学健康和谐发展是新中国成立以来，特别是改革开放以后党和政府所致力的目标，但由于众所周知的原因，"穷国办大教育"一直是我国高等教育所面临的最大问题。在这样的国情下，人民群众不断增长的教育需求同教育供给特别是优质教育资源供给不足的矛盾，就成为现阶段教育的主要矛盾，这在很大程度上制约了大学和谐建设。但是进一步看，投入不足只是掣肘我国高等教育发展的表象，其内部深层因素还在于我国高等教育在制度上创新不够。大学制度创新既有外部动力因素，也有内部许多动力因素，需要二者的合力，从新中国成立后大学发展历史看，往往过分重视外部动因，而忽视内部动因，这恰恰是制约我国高等教育发展的根本所在。

一、大学制度创新的外部动因

（一）经济因素

经济的含义比较丰富，它包括三个组成部分：一是与上层建筑相对应的经济基础，即生产关系的总和；二是指一个国家国民经济的总称，也指国民经济各部分；三是指社会物质资料的生产，包括社会生产与再生产过程中的生产、交换、分配、消费。经济是一切教育形式的基础，当然也是大学制度变迁的主要力量。从表面上看，经济发展对大学发展的影响表现为两个方面：一方面，经济的发展为大学的发展提供物资保障，另一方面，经济的发展也对大学的发展提出了新的要求，经济的发展刺激了人们高等教育需求扩大的同时，也要求大学为经济发展提供合适的优秀人才。再往深层次看，经济体制的变革决定了教育体制的变革，经济发展的规模决定了教育发展的规模，经济结构的变化决定了大学教育学科、专业、层次结构的变化。受长期以来高度集中的计划经济的影响，我国高等教育制度也日益僵化，政府集大学举办者、管理者、办学者三种角色于一身，不仅出资创办大学，而且直接调配人、财、物等资源。实行的是一种高度集权式的管理模式，在市场经济确立和快速发展的今天，它的弊端日益凸显，如政府职能转变不够，对大学办学自主权限制太多，大学校长的法人地位没有落到实处，政府与大学责任不清、职责不明，包得多、管得细、统得死，使大学习惯于等、靠、要，缺乏办学的积极性和创造性，等等。

随着我国社会主义市场经济体制的确立与完善，市场主体的自主性、市场经济的开放性、市场特征的导向性和市场竞争的公平性使传统的大学制度受到了严重的冲击，大学对市场经济和社会发展的不适应日益突显。正如袁贵仁同志所指出的，我国现在高等教育存在的主要问题，不是某个学校、某个人的问题，说到底是体制、机制问题，也即制度问题。当前，中国高等教育既缺乏经费又缺乏人才，但更缺乏现代大学观念和制度。历史经验告诉我们，制度产生的问题最终要从制度上去解决。社会主义市场经济的发展在为我国大学发展提供物资保障的同时，也在我国大学与政府的关系、大学与社会的关系以及大学培养的人才结构、人才质量等方面提出了新的要求。适应市场经济的需要，协调大学与经济发展的关系呼唤现代大学制度的创新。

（二）政治因素

国家的性质、政治集团的力量、各种政治思想和学说等等政治因幸，在大学制度变迁的进程和速度、方向和方式上都起着很大程度上的决定性作用。

政治因素的影响主要通过政府行为来体现。一方面，政府作为社会事务管理者，对大学等一切社会组织实施管理，大学作为社会组织必然接受政府的管理，在这一机制下，政府所构成的环境因素要比其他因素对大学的影响更为直接。另一方面，政府的意志和行为具有强制性，政府可以通过法规等方式，将自己的意志直接反映出来，作为社会组织必然遵守的原则，而大学制度必须以其制度的法规为基本依据来设计和制定。从我国大学发展的实际情况看，大学制度的变革首先取决于政府是否有足够的意愿鼓励大学通过制度创新获得自我发展的机会，尤其是在大学制度的转型时期，政府的意愿和意志对大学制度变革起着主导性作用。大学是我国政治生活的重要组成部分，随着我国社会转型和政治民主化的发展，迫切需要大学制度的创新。

改革开放以来，随着我国法治建设的不断完善，教育方面的法律法规也不断健全。《教育法》《高等教育法》《教师法》《学位条例》等高等教育方面的法律法规的出台和不断修订，基本可以保证高等教育有法可依。但是，随着高等教育的发展，现有法律、法规有些已经不能解决改革开放中出现的新情况、新问题，有的文本相互矛盾、无法执行，迫切需要对现有的高等教育相关法律、法规进行补充或调整修改。因此，目前需要全面清理教育规章及相关文件，研究制定有关教育行政法规，进一步加强和改善教育立法工作，适时起草《学校法》《教育投入法》《终身教育法》《高等教育考试法》等，适时制定符合实践需要的大学章程，建立依法办学、依法治校的新型大学制度。

（三）科技、文化因素

科学技术的发展直接影响着教育的发展，改革开放以来随着我国科学技术的发展和应用，特别是计算机技术、通信技术和网络技术必发展和应用，不仅改变了大学的教学手段，而且使教学方式发生了革命性的变化。同时，大学又是科学技术主要的生产和学习的场所，科学技术需要通过大学教学科研人员的传授和研究向生产力转化。科学技术与生产过程的不断结合，日益要求高等教育为其服务。高等教育在其培养目标、专业设置，教育体制方面需要不断创新以适应科学技术发展的需要。

大学作为人类文化的创造者、累积者、储存者、传播者和交流者，它的发展与变革必然打上文化的烙印，受到文化因素的影响。文化对大学的影响是广泛和复杂的。文化的发展变化影响着大学教学内容、教学特色的变化。随着我国市场经济的建立和完善，人民的物质生活水平得到了极大的提高，对精神文化的需求急剧上升，尤其是对高等教育的需求更是急剧上升。而在当今全球化形势下，外来文化与传统文化的融合与碰撞，也为我国大学的发展带来了新的挑战。政治民主化、社会法制化、文化多元化的发展呼唤现代大学制度的创新。

因此，创新现代大学制度是新时代我国社会发展的必然要求，唯有改革与创新我国的现代大学制度，才能使大学与市场经济体制相协调；才能使大学与日益健全的法制社会相协调；才能使大学与人民群众的精神文化需求相协调；才能使大学与高速发展的科学技术相协调。但是大学制度的创新也必须得到经济、政治、文化、科技等外部条件的必要支持，才能获得成功，也就是说大学制度的创新要善于借助外部力量，善于转化外部力量，最终才能取得成功。

二、大学制度创新的内部因素

（一）高等教育大众化

1999 年夏，我国高等教育扩大招生规模，简称"扩招"，这是新中国高等教育史上的一个重要里程碑。1998 年中国政府《面向 21 世纪教育振兴行动计划》提出："到 2010 年，高等教育规模有较大发展，入学率接近 15% 的目标。"第三次全国教育工作会议上，《中共中央国务院关于深化教育体制改革全面推行素质教育的决定》也明确要把积极发展高等教育，扩大高等教育规模作为实施素质教育的措施之一。2001 年，我国政府在所公布的《公共教育事业发展第十个五年计划》中，将原定 2010 实现高等教育规模和入学率的目标进一步提前到 2005 年实现。参照国际上关于高等教育大众化的标准，2002 年我国已步入高等教育大众化时代，高等教育大众化目标的实现比"十五"计划提前了 3 年。"2005 年，各种形式的高等教育在校生总规模超过 2300 万人，比 2000 年增加 1071 万人；高等教育毛入学率达到 21%，比 2000 年提高 8.5 个百分点。"

我国高等教育大众化时代的到来，给高等教育带来了前所未有的发展契机的同时，也使我国高等教育在资金投入、教育规模、培养质量、专业结构等方面都面临前所未有的新挑战。

其一，事业发展与投入不足的矛盾日趋突出。其中一个突出问题就是规模扩张高度依赖学杂费收入和银行贷款，高校财务风险凸显。据统计，2000 ～ 2004 年全国普通高校生均预算内教育事业费拨款从 7309 元下降到 5553 元，生均预算内公用经费由 2921 元下降到 2298 元。近两年地方所属高校经费总投入（包括事业费和基建投入）中，学杂费约占 25%，银行贷款约占 23%。一些高校负债比例更高，有的学校银行贷款占学校当年经费总投入的 1/3 以上。其二,规模与质量的矛盾日趋突出。生源质量下降、社会需求变化以及就业压力增大,对深化人才培养模式改革、对处理好加强专业内涵建设与灵活设置专业方向的关系、对教师实施素质教育的能力,都提出了更高的要求。其三,规模与结构的矛盾日趋突出。由于受政府投入水平的有限性以及办学成本等因素的影响,在相当多的院校里,学科专业结构矛盾进一步加剧,低水平重复建设现象严重。

与以上因素密切相关的后果是:一方面是随着高等教育规模的迅速扩大和教育成本分担机制的实施,社会、家长、学生对学校的要求越来越高,而另一方面是高等教育资金投入短缺、办学质量下滑、学费过高、专业和层次结构脱离实际需要等等问题的加剧。教育消费者和办学者之间的矛盾在大众化过程中日益凸显,急待用制度力量进行化解。

（二）高等教育国际化

所谓高等教育国际化,就是加强国际高等教育的交流合作,积极向各国开放国内教育市场,并充分利用国际教育市场。经济全球化推动了高等教育国际化。经济全球化是以全球市场化为目标,以全球信息化为条件,使世界各国在市场和生活上的相互依存日益加深。经济全球化推动了高等教育的国际化,加强了各国之间在教育资源方面的交流,迫使各国的教育市场向全球开放,使各国都可能利用全球的教育市场。

2001 年 11 月,我国正式加入 WTO。这意味着中国必须严格遵守 WTO 与服务贸易的有关规则,高等教育也必须按照国际社会中规范的市场化要求,融入世界高等教育体系中,也预示着我国高等教育进入国际化时代。入世给中国高等教育带来了诸如吸引海外投资和优质教育资源等机遇的同时,也带来了严峻的挑战。在海外教育市场的推挤下,中国高等教育的国际化进程无疑也会大大加快。近年来许多国家都对中国巨大的教育市场十分看好,入世后高等教育办学的开放化趋势不可避免。发达国家凭借其教育强国的优势地位必将吸引大批中国留学生走出国门前往求学;我国教育行业中的高级人才也可能会被物质条件相对优厚的国外教育机构挖走而大量外流;大批的海外教育机构可能涌入我国的教育市场,直接与我国现有教育机构竞争。这些国外教育机构在办学体制和管理模式上相对我国目前的情况而言具有明显的优势,必将对我国的教育市场形成巨大的冲击。

我国的高等教育机构必须抓住时机,改革、创新、完善我国现行的现代大学制度,才能使我国的高等教育机构在教育市场国际化的浪潮冲击下立于不败之地。我国的大学需要确立自主办学的地位,形成自我发展、自我约束的机制，以提高大学作为教育机构的运转效率，主动适应社会发展的需要。将教育作为一种服务打开国际市场以后会越来越多的出现的中外合作办学等办学形势也需要一套健全完善的制度来保障教育消费者的利益。只有创新大学制度，才能调动办学者的积极性和创造性，才能使我国大学融入世界高等教育的创新之列。

第二节 和谐理念下的我国现代大学制度创新

2002 年党的十六大以后，以胡锦涛同志为总书记的党中央逐步提出科学发展观和建立社会主义和谐社会的理念，党的十七大又提出了创新型社会的要求。这些新思想、新理论对我国现代大学制度的创新既是挑战又是动力；既提出了要求，更提供了新的指导思想，极大地丰富了现代大学制度创新的视野。

一、现代大学制度创新与构建大学和谐校园的关系

（一）现代大学制度创新是构建高校和谐校园的内在要求

任何组织都是由个体组成的，而要使他们达到和谐统一、步调一致、齐心协力，实现共有目标，就必须通过一系列的制度来规范，借助制度的力量进行约束，推动组织和谐发展。大学也是一个有系统的完整组织，大学的和谐统一当然也离不开制度的规范。

当然，和谐是一个相对发展的概念，和谐是运动中的平衡，差异中的协调，纷繁中的有序，多样化中的统一。所以和谐社会建设需要进行社会各方面制度的创新，大学和谐校园同样离不开大学制度健全并不断地创新与完善。不能适应时代需要的现代大学制度的建设，大学和谐校园建设只能是短暂的梦想。制度本身就是一种公共游戏规则，具有"公共品"性质，是为大多数人服务并符合大多数人的意愿的。加强大学制度创新，建立一种有效的制度供给，促使高校的利益行为取向与社会利益一致，达到制度均衡，从而形成稳定、有序、和谐的校园秩序。一旦这种制度安排确立并被执行，则容易形成较强的凝聚力和一贯性，加快学校发展。因而，健全并完善各项制度确保大学各项工作有法可依、有章可循是构建和谐校园的内在要求。

（二）现代大学制度创新是构建高校和谐校园的根本保障

安定有序、协调发展的校园需要一个完整的制度作为保障，制度就像是

一只看不见的手，约束着各种不和谐的因素，保障着大学和谐健康发展。大学制度建设是一项根本性、全局性、稳定性和长期性的工作，是一个完整的系统工程，任何一个环节出了问题都会导致制度失效。理想的大学制度，就是为政府、学校、教师、学生之间和谐发展提供有力保障的制度。在这样的制度下，学校能够获得持续发展的动力；教师能够履行传道、授业、解惑的职责，自主从事研究与教学，实现人生价值。更重要的是，学生也能够在这样的制度环境下自主学习、健康成长，为今后人生发展奠基。更具体看，通过加强大学制度创新，可以不断增强大学师生的权利意识、自主意识、法律意识和责任意识，提高大学师生的积极性、能动性，以促进师生的自我发展，塑造健康和谐的人格，从而进一步提高师生的精神境界，使大学校园内形成一种人与人之间相互信任、相互合作、共同发展的生活模式，达到和谐共处。

在大学制度创新的体系中，国家教育法律、法规是保障学校运行和发展的基本条件，它能协调学校外部各种社会关系，没有这些制度的创新，学校就无法适应经济社会的发展。学校自身各项规章制度是保障学校稳定运行发展的必要条件，它能协调学校内部各种关系，是大学制度创新的重点。

二、和谐校园理念下的现代大学制度创新原则构想

（一）坚持以人为本的价值性原则

如前所述，以人为本是和谐校园建设的基本内涵和价值核心。高等教育是培养人的崇高的社会公益事业，因而以人为中心，促进人的全面发展，提高人们的思想文化科学素质和各种发展能力，改善生存和生活质量，是我国高等教育事业的根本要义。

以人为本就是在教学中以学生为本，办学中以教师为本，充分发挥他们的积极性、主动性和创造性。高校是知识分子和青年学生集中的地方，他们观念新颖、思想活跃、富有创新精神；同时他们又具有较强的自我意识和民主意识。因此，为构建和谐校园目标而实践的大学制度创新必须坚持以人为本的原则，只有赋予制度以人情味和人性化，创造良好的人文氛围，让规章制度的"人文性"替代传统制度偏重的"规范性"，才能使制度运行的渠道畅通无阻。只有坚持以人为本，真正做到尊重人、关心人、理解人、爱护人和激励人，才能为师生员工才能和潜力的发挥营造一种公平、公正、合理、有效的制度环境；只有坚持以人为本，在各项制度改革中，广泛听取师生意见，并通过多种形式（如教职工代表大会、学生代表大会）吸引他们参与制度的创新，才能形成一种强大的"向心力"，激发师生员工的创造性思维、创造性

劳动，培养合作精神和社会责任，进而营造出个性舒展、创新竞争的和谐大学氛围。

（二）坚持内外协调的系统性原则

大学是一个有机的系统，大学组织系统的整体功效取决于各分系统之间相互作用、相互调节、相互适应；作为保障大学机构顺利运行的各种制度自然也是一个有机体，任何一项大学制度都在大学某一特定活动领域中发挥主要作用，同时也对大学其他活动领域产生影响；不仅如此，一种制度的存在和正常发挥其作用也需要其他制度的支持，需要其他制度为它提供必要的条件。同时，大学制度系统中任何一种制度的变化都有可能引起其他制度的变化。制度之间的协调状态是大学和谐、稳定、发展的必要条件。制度创新所产生的新制度必须要与其他制度相协调，才是富有生命力的，才是最稳定的，才能产生对大学和谐校园建设有益的正功能。

如前所述，大学制度包括宏观的国家层面的制度，和微观的学校内部的管理制度。诸多制度之间能否协调存在、协调发展是大学制度有无效率、能否实现既定目标的关键。如果大学的教学制度和学生管理制度不一致，提高教学质量只能是一句空话；缺乏健全的后勤服务机制，管理制度再健全，也难以实现安定有序的生活秩序；微观的学校内部制度与宏观的学校外部制度不能协调统一，安定有序的校园环境恐怕也难维持。因而做到学校内部制度与学校内部制度、学校内部制度与学校外部制度间的相互统一、协调，才能从根本上保证大学功能和目标的实现，才能为大学和谐校园的构建提供保障。

（三）坚持与时俱进的发展性原则

现代大学制度本身就是一个动态的概念，大学发展的每一次制度变革都是围绕一个（或数个）目标进行，变革后产生的新制度反映或代表这个目标，以它的实现作为存在的目标或根据。中世纪大学、近代柏林大学、现代美国研究型大学的出现，在大学发展史上具有标志性意义，无不是适应了社会环境变化的要求而诞生，同时也标志着新型大学制度的形成。对社会环境变化适应的目标也决定了大学制度创新的与时俱进性。

党的十六大报告指出："与时俱进，就是党的全部理论和工作要体现时代性，把握规律性，富于创造性。"制度建设要与时俱进是制度的内在要求，也是落实科学发展观的根本需要，对于和谐校园建设的大学制度创新来说，更具有特殊的意义。和谐校园需要不断更新制度，因为社会在不断变化，不断有新问题、新矛盾产生，构建高校和谐校园，就要针对学校现状制定切实可行的制度来维护校园内各要素的利益平衡，最大限度地减少矛盾，促进校园的稳定发展。它要求高等教育工作者必须紧跟时代步伐，把经济、社会发展与高等教育相结合，创造性地开展工作，创新与社会主义现代化建设相适应的现代大学制度。现代大学制度创新要与时俱进，必须在制度创新的理念、内容、方法等方面，进行改革创新，以顺应和谐社会和和谐校园建设的要求。如实行校务公开制度、阳光招生制度、干部人事改革及分配制度，健全学生就业机制，实施弱势群体补偿制度，改革行政管理及后勤服务体制等。只有坚持大学制度创新的与时俱进性原则，才能保证大学制度的有效和正向创新的实现，才能保障大学和谐校园建设的顺利实现。

第七章 高校和谐校园建设的管理创新

大学要发挥教学、科研和社会服务的功能，有效的管理是保障。在办学人员和资金具备的前提下，管理的效果就决定着大学功能的有效发挥。在当前大学机构创建和谐校园过程中，管理活动的创新变得尤为重要。大学管理活动通过组织与协调他人的共同活动可以获得：人单独活动所不能获得的效果，并通过对有限资源进行配置，以实现预定目标。

培育人才需要管理者具有科学合理的管理理念。理念作为行为的先导，有必要从改变理念人手来改进大学的管理工作。通过管理理念创新来实现全面育人，全面推进师生主体潜能的发挥。因而，管理理念创新是管理活动创新的前提和基础。而管理理念的创新要依托教学管理、科研管理和人力资源管理的途径来加以落实，因而，大学和谐校园建设的管理创新是全方位的创新，包括管理理念创新、人力管理创新、教学管理创新和科研管理创新。

第一节 大学管理理念创新

大学管理理念创新是大学管理创新的核心。它对于提高管理效能、调动教职工的积极性具有重要意义。20多年来，我国大学对管理制度进行了富有成效的改革。但是，由于受传统观念的束缚和制约，这些改革还存在着一些缺陷和不足。要从根本上摆脱传统管理理念的束缚，构建各方利益关系得到合理满足的和谐大学校园，管理理念创新具有基础性和先导性作用。

一、管理观念创新的必要性

某种管理行为都会受到特定管理理念的支配和指导，而管理理念都是特定环境的产物，客观环境的变化必然会引起管理理念和管理行为的变化，因而随着管理环境的变化管理观念的创新尤为必要。

（一）管理观念创新是基础

观念创新是高校管理创新的深层活力源泉。有学者指出，高校管理创新是一项复杂的系统工程，涉及高校管理观念、管理组织、管理制度、战略管理、基层管理、组织诊断、校园文化等诸要素，其中观念创新是整个管理创新的核心。只有转变传统的管理观念才能适应知识经济时代的要求，实现高校管理创新。

管理观念既是大学管理者进行管理的指导思想，又是他们施行管理行为的行动指南。无论是以物的形式出现的现代技术装备，还是以规范、条文形式出现的组织制度，都会受到管理观念的影响和制约。因此，大学管理观念的转变，对于提高大学管理的效能，发挥全体教职工的积极性具有重要的意义。

（二）当前管理观念不符合新时代要求

杜凤、史伟虹认为，长期以来，我国高校受社会主义计划经济体制的束缚和影响，教育经费由国家包干，高等教育管理实行行政型事业管理体制，经济意识十分淡薄，高等教育的不经济现象非常普遍，如规模效益不高、内部结构失衡、资源浪费严重等。随着社会主义市场经济的建立和完善，作为非义务教育的高等教育，其教学和管理的行为也应当是经济的、理性的，因此，必须在高校管理中树立经济型产业管理观念，强化经济意识。

二、大学管理理念的创新

管理理念创新的基础性和先导性与当前管理理念的落后形成反差，迫使当前大学领导者要树立新思想、确立新观念，为和谐大学校园建设提供思想保障。

鉴于当前大学管理理念存在的问题和社会现实迅速发展的需要，高教界的专家学者们对大学管理理念创新作了积极的探索，也提出诸多很有见地的看法。本文经过了去粗取精、去伪存真的提炼，为大学和谐校园的创建提出了六大管理理念的创新。

（一）以人为本的管理理念

大学管理工作是一个复杂的系统工程，人始终是这一系统中的首要因素。古人云："天时不如地利，地利不如人和。"在大学管理工作中，人是大学管理工作的出发点和归宿。与各种规章制度相比，人是大学管理工作中最重要、最活跃的因素。在创建和谐大学校园的当下，大学要抓住机遇、实现快速发展，就必须充分体现管理中"以人为本"的观念来进行制度的设计和运作规则的谋划。"以人为本"就是要在高校管理工作中，重视人的因素，正确认识评价和充分发挥人的价值与人的主观能动性，使其有充分的发展空间。把

"人"作为高校管理活动的核心和学校最主要的财富和资源，转变了过去把"人"看成完成任务的工具观念。要全方位树立所有教职工都是大学利益共同体的成员，他们的根本利益是完全融合在一起的。

以人为本的管理是一种全员参与的管理，大学管理者与教职工之间在工作程序上不是由上到下控制的传统管理模式，而是鼓励教职工对工作认真负责，自觉和自主地工作。创造人人参与、团结合作的校园文化氛围。大学管理者在合理分工与授权的条件下让广大师生员工享有更多自主权利，让他们充分发挥自己的主观能动性。同时，要重视对师生员工潜能的开发，不断追加对师生成长的投资。

总而言之，以人为本是现代大学管理的发展趋势。它既重视人的自然本质的一面，也重视人的社会本质的一面。在大学管理工作中，推进"人本化"的基本要求是尊重管理对象的需要。管理对象既是管理的客体也是管理的主体，应充分发挥其主观能动性，全面提高其综合素质，实现自主管理，最终达到没有管理的管理目的。许多大学倡导的学术自治、学术自由都是在"以人为本"的管理理念的指导下形成的。

（二）知识共享的管理观念

知识共享是指知识所有者与他人共享自己的知识，是知识从个体拥有向群体拥有的转变过程。世界经合组织将知识分为事实知识、原理知识、技能知识和人力知识四类；国外学者也根据知识的表征方式，将知识划分为两大类：显性知识和隐性知识。所谓显性知识是指可以通过正常的语言方式传播的知识，它是可以表达的、有物质载体的、可确知的；而隐性知识是指个人或组织经过长期积累而拥有的知识，通常不易用言语表达，也不可能传播给别人或传播起来有困难。隐性知识也称为"隐含经验类知识"，其特点不易被认识到、不易衡量其价值、不易被他人所理解和掌握。对一个大学来说，知识可分为四大类：（1）物化在机器设备上的知识。这类知识随着机器设备的折旧而消失，随新的机器设备的更新而更新。（2）体现在书本、资料、说明书、报告中的编码后的知识。（3）蕴含在教职员工头脑中的隐含经验类的知识。这种知识以潜在的、未编码的形式存在，个人对它拥有所有权。它随着个人的流动而流动，随个人的死亡而消失。一旦未编码的知识转化为编码的知识，个人则对其失去所有权。（4）体现在大学的组织、制度、结构中的知识。如校园文化、学校的历史、学术信誉、管理流程、社会关系等。这四类知识可以分为隐性知识和显性知识。无论哪一种形态的知识，在大学组织中往往容易被个人垄断，难以共享，这就导致人们所说的大学组织呈现无政府的散漫的状态，大学被分割为各自独立的知识单元。在知识高度分化和综合的今天，这种垄断独享知识的状况变得越来越不适应了。知识交流与融合产生新知识的本质促使大学组织要打破这种知识的垄断与分享方式，并且，组织知识共享不仅具有跨越知识和生产力的桥梁作用，还可以避免科研活动中不必要的重复，以增长个人知识，提高经费使用率和人力资源投资效率。因此，大学应树立知识共享的观念，运用知识管理突破知识的个人垄断，推动知识的共享，从而切实提高大学办学水平和整体实力。

（三）树立组织学习、团队学习的观念

大学作为一种知识组织，确保知识有效地生产和传播是大学管理的原初动机。在树立大学组织知识共享的新观念前提下还需要通过一定方式加以实施，这种实施途径都是相应理念指导下的行为。如何实现大学组织知识的共享目标，学者们都做出了有益的探索，更多学者提出组织学习和团队学习的新理念来贯彻落实大学组织知识共享的目标。大学管理促进知识共享是由大学组织的本质特性决定的。组织的知识由成员共享，组织才有可能更充分地利用知识，也才会更具有创新性。尽管组织的知识共享需要以先进的信息基础设施作为保障，但知识的共享更需要组织采取有效的形式，这种形式就是组织学习。组织的学习不同于个体的学习，而是组织全体成员在组织运行过程中通过实践、互动和创造来进行的团体学习。传统的组织也有培训，但基本只是为了适应和生存，其结果也仅仅提高了作为个体的组织成员的能力和素质。长期从事团体管理行为研究的美国学者阿吉里斯认为：大部分的管理团体都会在压力之下出现故障，团体对于例行的问题可能有良好的功能，但是当遭遇到使人感到威胁与困惑的复杂问题时，团体精神似乎就丧失了。要使得大学组织适应变化的时代，适应不断变化的大学师生的利益需要，就需要确立组织学习的意识，让彼此的需要在组织学习中得到尽可能地满足。

学习型组织是近年来广为流行的概念，这个概念是顺应组织学习而创造的。管理学家彼得·圣吉认为，学习型组织的建立必须基于5种技能的培养，即5项修炼。只有经常进行这5项修炼，组织才能真正成为学习型组织。这5项修炼就是：自我超越、改善心智模式、建立共同愿望、团队学习和系统思考。彼得·圣吉认为，团队学习是一项重要的"修炼"，同时也是组织修炼的最基本的形式。对于组织的知识管理来说，团队学习关系到组织中的知识共享和知识创造的有效性。团队学习不同于个人学习的最重要的特征是其交互作用的特性，这种特性对于知识共享无疑是十分有利的。团队学习的学习结果输出是一种共同的输出，学习的成果是团队成员共同获得的，这对于组织的知识生产同样具有启发意义。团队学习还具有强化动机的功能，它易激发组织成员的学习兴趣。由此可见，在学习型组织中，学习已经内化为组织的日常行为，溶入组织的血液之中。主动学习、自觉学习将代替被动学习，制度性学习、系统化学习将代替零星式学习。这样的组织在实现组织规模扩大的同时，能够实现整个组织内在素质的提高。

因此，视知识生产传播和应用为组织命脉的大学组织更要通过管理来增强大学组织的生命力。

（四）变管理学校为经营学校

应用现代企业管理思想，来促进学校管理的创新，提升教育服务水平，是当前教育发展的一种趋向。自 20 世纪 80 年代后期以来的英、美等发达国家学校管理改革的种种理念和举措，无不渗透着现代企业的管理思想。经营学校作为一种崭新思维方式，给传统的学校管理变革注入了新鲜的血液，它有利于盘活教育资本，激活无形资产，使资源利用效率得以提高，质量得到提升，从而最大限度地满足学生及其家长和社会的需要，为和谐校园建设提供资金和心理支持。

"所谓经营学校，就是把企业的一些管理思想与方法引进高校，重新设计管理内容与过程，运用市场机制对高校资源及资产等进行优化重组和高效运营，提高管理效益。"大学管理转向大学经营有着深刻的社会背景。随着教育所面临的环境日趋复杂和不确定，大学需要由静态管理转变为动态经营。科学技术以及物质条件的深刻变革，影响学校发展的不可控因素越来越多，教育环境开始从静态转向动态，从简单转向复杂。学校管理已经从强调由"事务性"的静态管理，如教务管理、总务管理、人事管理等，逐渐地转变为"人际""资源""技术"等动态经营，如强调时间运用、资源分配、信息管理、人际关系等。以经营的理念来办理学校，其目的在于强调学校是一个动态的组织，是一个开放的系统，必须适应社会环境的变迁，更必须在达成绩效之外，提出前瞻性的发展策略。经营学校除增进学校效能外，还具有开创新局面促进社会发展的功能。管理和经营，是两种不同的学校运行质态。经济学中，管理的含义是"在既定资源的投入条件下如何提高效率"。经营与管理不同，经营的资源不是固定的，需要寻找资源、创造资源。如果经营得好，还可以创造更多的资源。管理与经营有着密不可分的关系。管理通过运用各种手段和方法推动经营活动，经营主要是决策，解决学校组织的目标、方向等根本性的问题。管理和经营的区别主要有这样三点：一是目的不同。管理讲效率，经营讲效益。二是职能不同。

管理的功能是执行，经营的功能是决策。管理学校，着眼于学校内部，办学是封闭的；经营学校，办学是开放的，学校根据经济规律和教育规律，顺时应变，以"适应""超前"于市场需求，强调学校与家长的"客户关系"，追求教师、学生、家长的满意度，更多地关注外部评价。三是对象不同。管理研究方法、手段等战术问题；经营研究的是目标、方向等重大的战略性问题；管理学校，校长强调照章办事，寻求贯彻、落实、执行的方法和手段；经营学校，校长考虑的是服务、竞争和生存，根据市场和社会需求，自觉主动地谋求学校的可持续发展。学校管理背景下，学校与家长的"客户关系"是被动地，家庭是被动地消费者；学校经营强调学校提供的产品是教育服务，学校与家长的"客户关系"是显性的，家长就是上帝，学校必须重视和满足家长和学生（顾客）的不同需要和愿望，接受家长的监督，不断提高教育服务质量。学校资源主要包括人、财、物、信息等有形的要素以及学校传统、学校精神、学校风貌和学校品牌等无形要素。在学校经营中，既要重视有形资源的经营，也要重视无形资源的经营；既要重视学校自身资源的经营，也要重视学校外面各种资源的经营；既要善于使用传统手段进行学校经营，也要积极使用现代手段进行学校经营。

（五）依法治校的理念

依法治校是高校管理理念和管理方式的重大变革。随着高等教育的改革发展和高校办学自主权的扩大，教育管理所涉及的权利义务关系越来越复杂，办学活动越来越需要依靠法律规章制度来理顺关系，规范行为。学校和教育行政主管部门之间不再是单纯的行政隶属管理关系，而是要更多地通过高等教育相关法律法规和行政许可法来调整；学校和教师、学生之间，与社会组织、企业团体、个人之间的关系也更多地表现为平等利益主体之间的民事关系，它们都以平等主体身份和不同方式参与依法治校的各种法律关系，需要用法律法规来保障各方权利义务关系的公平实现。另一方面，学校拥有实施依法治校的主动权，学校管理者以良好的法制观念、法律素质和法治能力指导学校管理和办学活动，运用法律手段调整、规范和解决教育改革发展中出现的新情况、新问题，就成为依法治校的基本要求。

依法治校在实践操作中有两个层次，一是依照国家法律办学。学校的办学行为要合法，用国家的有关法律法规规范自身的办学行为；二是学校要建立规章制度并依照制定的规章制度办事。要严格按规章制度办事，使法律和规章制度在学校管理实践中真正发挥其功用。依法治校，首要是增强法纪观念。大学的经营和管理活动，最基本底线是依法活动，应当按照《教育法》、

《高等教育法》和《教师法》等法律法规进行，以法律为准绳来调节校内外各种关系。在依国家法律治校的前提下，要依法制定学校章程，建立健全学校内部的管理制度，加快制度创新和制度建设步伐，增强维护制度的责任感和执行制度的自觉性。

（六）民主管理的理念

民主管理是大学管理的重要制度形式，只有实行民主管理，才能体现教职工的主人翁地位，行使当家做主的权力，在最大范围内充分调动广大师生员工的积极性和创造性提供机会和条件，增强他们工作的内动力，同时也增强学校的凝聚力、向心力，为和谐大学校园建设添加活力和动力。民主管理的观念，首先体现在引导师生员工增强责任感和使命感，提高民主意识。要坚持普遍参与的原则，组织师生员工参与民主管理的实践。民主管理的观念要通过制度载体落到实处。大学要建立健全师生员工民主参与学校重要事务的机构，实行校务公开、平等协商、调查研究等形式的民主管理制度。当然，大学实行民主管理制度必须高度重视监督的作用，对学校的重要事项，尤其是涉及师生员工切身利益的重要事情和重大方案要给予他们充分的知情权、参与权、审议通过权。只有保证机构和制度健全，才能确保民主管理制度在大学管理活动中发挥最大效益。

第二节 大学人力资源管理创新

大学是汇聚、培养高级人才以及科研创新的重要基地，其自身人力资源整体素质的提高以及所培养人才的质量都最终取决于大学人力资源管理水平和效果。大学人力资源主要包括教学科研人员、党政管理人员、教辅人员和后勤服务人员。其中，教学科研人员是主体，管理人员是关键，服务人员是补充。曾担任哈佛大学校长长达 20 年之久的科南特先生说过："大学的荣誉不在于它的校舍和人数，而在于它一代一代教师的质量，一个学校要站得住，教师一定要有名。"中国清华大学前校长梅贻琦先生早已指出："大学者，非大楼之谓，大师之谓也，一流的大学必然有一流的师资。大学作为教育和培养合格人才的主阵地，是否拥有一支强有力、高素质的师资队伍，是否拥有一批具有创新性的学术带头人梯队，将直接关系着大学的持续发展和办学层次的提高。同时，在创建和谐大学校园的过程中，要最大限度满足学生成长成才的需要，最大程度发掘大学人力资源，教学育人、管理育人和服务育人的功能更离不开管理创新。人力资源管理则是以"人"为中心，把人力作为资源进行有效开发、合理利用和科学管理，其内容涉及人力资源预测与规划、工作分析与个体差异分析、招聘与选拔、培训与开发、绩效评价、保持与激励等工作。人力资源管理是以人的开发、管理为核心。管理对象的差异，对管理理念、管理方法与模式产生了直接后果，也影响了管理水平和质量。

一、当前大学人力资源管理存在的问题

目前，中国的诸多大学处在传统的人事管理阶段，大学校园内人力资源的管理中还存在一些较为突出问题。这不仅制约着和谐大学校园的建设，而且也影响到大学办学目标的实现，因而不可忽视。

20 世纪 80 年代以来，我国学校管理改革的力度不断加大。在人事管理方面，实行了聘任制、竞争上岗等措施；在师资管理方面，实行了教学工作量制、科研成果量化考核制、职称评聘量化考核制等；在财务管理方面，实行了经费包干制、校内结构工资制、奖金自筹制度等；在后勤管理方面，实行承包制、独立核算制、社会化改革。这些改革所依据的管理理念和采取的措施，对于消除长期以来我国大学管理所形成的弊端有一定作用，并取得了一些成效，但也存在一些缺陷和不足：（1）特色不够鲜明。千校一面现象比较突出，全国众多大学都在看清华怎么做、北大怎么做，拿别人的模式来套，这在一定程度上造成了大学不能很好地结合自身发展实际创新管理理念的问题。（2）视野不够开阔。一是未能充分考虑社会的多样化需求，导致大学培养出来的学生的社会适应性不强；二是大学对社会服务这一职能的认识不够充分，尚未充分发挥其为社会、经济、文化、政治等方面发展服务的功能。（3）以事为本的管理观。不少大学的管理者往往把大学与行政组织、经济组织等其他社会组织等同起来，习惯于用行政方式来管理和建设大学，形成了以行政约束为主导的管理机制，而对如何发挥办学者、教育者、学习者的主动性和积极性重视不够。除此之外，当前大学人力资源管理中还存在其他的问题。

（一）人才引进与培养脱离大学发展目标

尽管当前各大学都很重视人才引进和培养工作，但在如何根据学校的发展目标针对各类人员的素质要求进行学校人力资源的整体开发和优化配置方面，仍没有建立起明确而合理的人力资源架构。人才引进工作显得有些盲目，只注重高学历、高职称，注重在解决学校的学历结构问题，忽视了学校是否有发展相应学科的基础条件，未考虑是否有人才发挥作用的相应的专业，致使引进的人才没能充分发挥作用，违背了人力资源利用"人尽其才"的原则，

对稳定人才、吸引人才都不利。在人才培养上，由于在人才设计上缺乏长远策略，加之教学任务过重，致使教师在信息沟通、知识革新、自我发展等方面受到极大影响，人才培养流于形式。另一方面，人才引进以后，重使用，轻培养。教师的进修学习基本是教师本人凭自己的爱好和愿望自选学科专业，学校没有根据整体的办学目标提出明确的专业培训目标和要求，使得人才的培养与学校的需求存在严重脱节的现象。

（二）人力资源结构不合理

目前不少大学还存在着人力资源配置不当，各类人员比例失调的情况。这主要表现在：教学人员比例偏小而非教学人员比例过大；专业教师分布不均衡；教学型教师多而科研型教师不足；资深教授闲置而年轻教师负担过重。另外，一些新设专业和公共基础课的教职员工数量不足，缺乏优秀人才，教师超负荷运转，形成师资力量与专业调整不相适应，师资的学科配置不甚合理等问题。高校人力资源比例的失调，最终会影响到高校各项功能的发挥，必然会在较大程度上影响到学校改革的进程和深化。

（三）人力资源管理的模式单一化

不少大学在人力资源管理过程中，仍然沿用传统人事管理办法来管理高端人才，强调事而忽视人，注重的是"进、管、出"三个环节；在管理模式上，采取行政指令性的管理，注重的是政策的合理性、合法性，忽视人的个体因素；在管理职能上，强调管理、监督、奖励、处罚，以档案为管理依托。管理机制、方式方法刚性过强，柔性不足。只想把人管住，缺乏综合性管理，致使许多教师感到压抑，工作上缺乏积极性；主动性和创造性；二是缺乏系统的行之有效的规章制度体系，人才引进只有保障机制，缺乏淘汰机制，使得不合格者很难予以淘汰；三是在留住人才的措施上，往往注重表面化的因素如住房、安家费等等，而缺乏如何创造适合人才发展、实现价值的人文环境，因而缺乏吸引力。

管理过程中运用了传统的人事管理模式，因而，束缚了教职工智力的提升、潜能的挖掘、活力的激发和绩效的提高，束缚了教职积极性和创造性的发挥。

当前中国大学人力资源管理中出现的问题是由于没有充分考虑大学人力资源管理的独特性导致的。大学人力资源作为高智力和高自主性的群体，其管理活动具有不同于一般组织中人力资源的特征，这些独有特性的把握是搞好大学人力资源管理的前提基础。

二、大学人力资源管理的特征

（一）管理对象的高层次、高需求性

一线的教学科研人员构成高校人力资源的核心，他们从事这种职业之前必须经过严格的学术训练，拥有扎实的专业知识以及好的科学素养和科研能力。大学人力资源在整个社会的人力资源属于高层次和高级别群体。在大学校园内，高学历、高职称的人员荟萃。由于成长环境、受教育程度和个人禀赋等多方面因素的影响，追求高层次精神需求占据重要的地位。他们有较多的选择机会，存在更高层次的要求，他们普遍具有较强的自我意识、独特的人生价值观和高度的理性能力。因而，大学人力资源的管理方式要区别于对企业员工的管理方式。

（二）管理方式的自主性

大学教师和科研人员本身具有很强的独立性和自我意识，在时间安排和工作方式的选择方面享有很大程度的自由，很难像机关或企业那样通过严格的规定程序和方式来进行管理。比如，在专任教师的管理方面，要围绕教学任务和科研成果来实现，不能要求从事教学、科研工作的人员进行坐班，要让他们享有较高程度的自主支配自己时间和安排工作内容的权利，只要他们能够保质保量地完成教学、科研任务，其工作时间、工作内容等均由教师自主安排，让他们实行自我管理。

（三）管理内容的复杂性

大学是培养全面发展的人才的地方，作为高校人力资源管理的主体——教师，他们为人师表，教书育人和科学研究创新知识，都是非常复杂的工作。对这种复杂工作进行管理必然需要面对大学人力资源管理内容的复杂性。这种复杂性是由育人本质与知识创新本质所决定的。育人不仅仅执行了讲授知识示范行为便达到目标。知识讲授与动作示范仅仅是育人的一种过程而已，这种过程能否产生预期效果要取决于诸多因素，如教师的人格、教师的教学艺术、教师的相关知识，都会影响到学生的成才和发展。所以，仅仅管理教学过程是不能达到理想目标的。需要对人力资源的敬业精神、知识技能加以管理考核。教师劳动是一种个性极强的艰辛复杂的脑力劳动，其劳动本身具有丰富的情感因素，调动教师的积极性和广泛开发他们的能力不能简单地依靠法规管理和行政命令。

大学管理制度存在的诸多问题和大学人力资源管理本身具有的特征，决

定了当前大学人力资源管理理念和措施变革的必要性和紧迫性。

第三节 大学教学管理创新

教学是高校育人的主渠道，是建设和谐大学校园的重要途径。如何改进对教学的管理，提高教学的效果，让师生合理的利益诉求得到最大限度的满足，这是和谐大学校园建设一个重要内容。

一、大学教学管理的现状

当前，大学的教学管理仍然呈现计划经济体制下的基本特征，如集权、刚化、封闭等。不少学校的教学管理部门和教学管理人员习惯于围绕教学计划的完成，进行被动式管理，没有将师生作为自觉的管理主体。管理层次、管理环节繁多杂乱，导致管理成本高。

又由于学校内部各部门之间的职能交叉，使大学教学管理系统缺少应有的活力，基层院系的办学积极性发挥不充分，不利于自我约束、自我发展、自主办学机制的形成。

有学者指出现行大学教学管理呈现三个"中心"和三个"不足"的缺陷。具体内容如下：

（一）以学校为中心，院系教学管理活力不足

当前中国大学的教学管理普遍地存在着学校一级集权较多，院系教学管理自主权相对不足的问题。学校对教学管理采取了集权方式，院系的主要职能是将学校制定的教学政策、计划及有关要求付诸实施，而缺少决策的自主权。学校统一要求多，各院系创造性少，即"只当家不做主"。有些大学的教学管理权力主要集中在学校教务处（部）。教务处（部）实际上成了全校教学工作的指挥中心，具有全校教学规划和决策、教学组织与指挥、教学控制和评价等多项职能。院系在教学管理中则主要扮演一种"事事请示，时时汇报"的"办事员"的角色。特别是实行"大教务"体制的大学，教务处（部）实际上成了校长或主管副校长之下、学校与院系之间的亚校级权力中心，而院系在教学管理上缺少自主权，如在招生上缺少应有的发言权，在教学基本建设上缺少主动权，在课程管理上缺少自主权等。

（二）以控制为中心，教与学的自由和自主不足

大学只有保障教与学的自由和自主，师生才能成为实现自我成长可能性

的自我决断者，才能成为自我升华的自我引导者。而目前大学的刚性管理制度，对大学教与学的保障不力，对学生的兴趣和爱好尊重不够，对大学师生的个性发展关照不多。过强的规范约束和限制学生的自由发展；过强的共性制约导致学生个性的缺乏；不尽合理的管理制度限制了教师教学上的发展。

（三）以管理者为中心，制度的平等性和服务性不足

在大学教学管理决策方面，教师和学生民主参与教学管理的制度不健全，大学民主参与机制没有真正建立起来。在教学管理系统内师生依旧被置于教育或管理"对象性"的地位，依旧是被塑造和被加工的客体，而非教育或管理行为的主体，师生并没有摆脱"物器"的身份和命运。师生民主参与管理的程度低，管理者与被管理者之间的地位不平等，制度的制定和实施也不平等。规章制度往往过于强调师生应遵守与服从的条件，忽视了他们应当享有的自由和权利；过于重视管理者对师生的管制与处罚，忽视了他们应当履行的指导与服务义务。在教学组织运行中，学校教学的支持服务制度不健全，管理者教学服务意识比较淡薄，使被管理者在貌似科学、公正和平等的管理机制中失去了个性和创造力。

针对这种现状，有学者认为，传统的教学管理观念是在计划经济时期形成的，其特点是对外封闭、管理集权和控制为主。传统的教学管理观念已经不适应当前高等教育的发展要求，必须建立现代教学管理观念。现代教学管理观念来源于全球化与信息化的时代背景。全球化与信息化背景下高校教学管理应树立以下观念：1. 开放的观念。在管理方法、原则上应该学习和借鉴其他国家先进的教学管理经验；教学管理还应向其他学科和领域开放，引进其他学科和领域的管理方法。再次，在教学管理的决策和监督上应该向学生、教师和社会开放。2. 服务观念。传统的教学管理观念是把管理等同于控制，现代管理理念认为，管理的职能不仅仅是管理，更重要的是服务，教学管理也不例外，老师和学生不仅是管理的对象，更是服务的对象。3. 分权观念，变职能部门的垂直管理为各个院系的实体管理。

学者们的观点是正确的。大学要创建和谐校园，师生的教学和学习需要应该得到最大限度的满足，为师生教学和学习服务的教学管理也应该体现师生合理的需要。当前教学管理过程中出现的重控制轻服务的倾向是不利于和谐校园创建的，因而需要对教学管理的理念和制度进行革新，以最大限度满足师生教与学的需要，加速大学和谐校园的建设。

二、教学管理的创新

教学管理的创新取决于教学管理理念的创新，因而在创新教学管理制度之前需要革新旧的不合时宜的教学管理理念。

（一）教学管理理念的创新

1. 以师生和院系为本的管理观念

大学教学管理制度的重构要体现以学生为本、以教师为本、以院系为本的管理理念。以学生为本，重要的是要依靠学生来进行大学教育，以学生自由而全面的发展为教育根本。以学生为本的教育的重点不仅仅在于学生的外部地位，更在于学生内在的自然天性和潜能的发挥。以教师为本，就必须改变教师缺乏"教"的选择权的状况，赋予教师相应的教学权力，保障其教学上的相对自由。教学自由是由大学教学工作所具有的思想性、创造性等特点决定的，而教师的自由是学生学习自由的必要条件。以院系为本，是针对以学校（校部）为本而提出来的，它是以学生为本和以教师为本的前提。院系对各个具体专业、具体学科教学的情况最了解、最熟悉，他们应当最有发言权。以院系为本可以充分发挥院系管理的积极性、主动性和创造性，形成院系各自办学的特色。

2. 教学管理中的服务观念

传统的教学管理观念是把管理等同于控制，现代管理理念认为，管理的职能不仅仅是管理，更重要的是服务，教学管理也不例外，老师和学生不仅是管理的对象，更是服务的对象。

大学的管理问题不是管理不强，而是管理不善，原因就在于价值导向上存在问题。大学教学管理制度应体现出对教学服务的特性，权力意志不能成为大学管理的价值信号，教学管理部门的职责不仅仅是教学管理，更重要的是为教学服务。过去大学过于强调管理，而且是控制性管理，导致大学缺乏活力和自由，致使大学难以形成或保持旺盛的学术活力和教学自由，难以做出原创性的科学研究成果，难以产生推动人类历史发展的学术思想，难以培养出具有创新意识和批判精神的人才，当然也就难以成为一流大学。管理不是制约人、控制人、约束人，而是创造条件服务人、发展人、提升人。基于这样的认识，教学管理部门应该放低管理姿态，坚持服务方向，端正服务态度，增强服务意识。

3. 保障师生教与学的自觉自主

学习的自由是指学生在教师正确方法的引导下，在专业学习上有探讨、怀疑、不赞同和向权威提出批评等自由，有选择专业、课程、教师和教学方式等自由，在教育管理上有参与评议的自由。目前，许多高校已在保障学生学习的自由方面进行了改革。笔者认为，学校应在以下方面加大改革力度：建立自主学习制度，实施学分制，自主选择专业方向、自主选择学习课程、自主选择学习方式等。创新教学评价制度，注重形成性考核，不以考分为评价学生的唯一标准，在大学中可引入奖励学分、创新学分、科研学分；推广免听免考制度；宽容和理解学生学习上的失败，在制度上允许学生学习失败；改革学籍管理制度，允许学生根据自己的实际状况，自主选择学习年限，提前或推迟毕业；与弹性学制相配套，大学要适应学生来源多样化、学习需求多样化和休学创业等需要，放宽休学、转学等方面的限制，制定和完善学生休学与转学的规章制度。

4. 校部适度放权：增强院系管理活力

大学教学管理改革应从集权管理转向分权管理，从过分集中转向相对分散，从过程管理转向目标管理，从事务管理转向服务管理，从微观管理转向宏观管理，实现教学管理的重心由上向下的转移。管理的重心在"理"而不在"管"，要学会不管。因此，大学及其职能机构"能做"和"应做"的主要是发展规划、资源保障、矛盾协调、质量监控、信息服务等工作。一方面，教务处（部）等职能部门要简政放权，让院系放手做好教学管理工作；另一方面，教务处（部）等部门要强化调查研究、规划设计、政策指导、协调服务、督导评估等宏观性、导向性、智囊型、服务型职能，特别要强化教务处（部）等职能机构对院系的服务和评估的职能。赋予院系更多自主权，使其成为本级教学管理的中心，这将有利于促进大学内部管理体制改革的深化，推动院系的教学改革与发展，挖掘其教学和科研方面的潜力，增强院系管理的活力和竞争力，最终提升整个学校的教学管理水平。为此，各院系也要切实履行相应的职责，努力实现自身角色的转变，用好、用足、用活学校赋予的权力，创造性地开展本院系的教学管理工作，并通过实行院长（系主任）负责制、推行目标管理责任制、完善配套规章制度、建立科学的考评制度等，确保院（系）成为本级教学管理的中心。此外，院系还应健全和完善教学民主管理的组织制度，使其在教学管理的一些重大问题的决策中发挥应有的作用，使其工作经常化、制度化。

第四节 大学科研管理创新

大学科研管理创新是促进科技创新与市场机制相结合的客观需要。在当前市场经济条件下，创建和谐大学校园一个重要的途径是创新大学科研管理的理念和制度，毕竟科研活动是大学校园三大职能活动的重要组成部分，涉及诸多主体合理的利益。当前，中国很多大学的科研管理的理念至今仍没有彻底摆脱计划经济的影响。我国大学科研管理工作长期以来都是"重管理、轻服务"，对科研人员和科研项目实行机械化管理，缺乏人本观念；"重成果、轻转化"，科技成果创业化水平低，市场意识和知识产权保护观念薄弱。究其原因，就是大学科研管理水平滞后，这其中既包括科研人员自身意识淡薄，更主要的是科研管理部门缺乏创新意识，另外，管理制度的不适时宜也是重要的原因。

大学科研管理的创新必须建立在大学科研管理自身的特性基础上，因而，在创新大学科研管理制度之前需要探析大学科研管理的特性。

一、大学科研管理的特性

对于大学科研管理的特性，有学者做出了专门的探索，指出大学科研管理具有如下的特性。

（一）人本性

高校科研管理所处理和研究的一切问题都是有人参与的，主体是参与科研管理的人员，客体是参与教学科研的人员。科研管理人员要为教学科研人员开展科研创造适宜条件，保证高校学生与教师比率的合理，并采用适当的激励机制调动教学科研人员的积极性。

（二）科研管理信息的复杂性

科研管理中的信息，有些是确定的，如学校科研人员的职称、学历构成、承担科研项目的数量、经费构成、科研成果数目等。而有些信息却是随机的，如学校每年科研经费到款额、完成科研成果数量等。有些信息是模糊的，如科研工作者工作能力的强弱、科研成果满意与否、科研项目等级划分、科研工作对学校在社会上整体知名度的评定影响等。大量这样不确定信息的存在，使得科研管理工作难以实现完全定量化。

（三）产、学、研关系的复杂性

经济的发展和管理水平的提高，使得高校的教学、科研、产业三大职能之间的相互关系正日益密切。从高校教学的角度看，教学为科研提供了生力军，保证了科研队伍结构的合理与活力；教学又向企业输送人才，保证了企业人力资源的水平。从产业角度看，企业是科研与教学的出发点和归宿点；教学是为企业培养人才，科研成果是流向企业的。从科研角度看，最新的科研成果可以充实教学内容，促使学校课程、专业设置的调整，提高教教学水平；科研成果又为学校博士点、硕士点提供了强有力的支撑，同时科研收益还能部分用于改善办学条件。而高校科研管理工作则在其中起了管理平台和沟通中介作用，需要处理好产、学、研的关系，使科研成果得以充分、及时的转变成生产力，推动政治、经济、文化的发展。

二、管理的弊端

大学的科研活动对我国科技的发展起着重大作用，但同时也应认识到我国科技竞争力与世界先进国家相比差距很大，大学科研管理活动尚未兼顾各方合理的利益，对于和谐大学校园建设，科研管理活动没有较好地发挥促进作用。当前管理活动存在的弊端主要是管理模式、制度、观念跟不上新时代的要求。具体言之，存在如下的弊端。

（一）科研管理观念落后、管理模式单一

大学长期受计划经济体制影响，对科研管理重要性认识不足，所采取管理制度与市场经济体制不相适宜，管理目标上忽视与市场的结合，市场竞争意识不强，致使科研成果转化率低，投入产出比低，生产与科研脱节；管理重数量轻质量，低水平重复研究现象严重，造成人、才、物的大量浪费。

落后的管理观念与日新月异的科研形式间的矛盾还体现在许多管理人员的观念还停留在依据上级文件布置课题申报批准后通知研究人员最后组织鉴定结题这样一种收发、传达指令的管理方式上，没有把管理活动真正深入到科研活动的过程当中。而当今科研活动正逐步趋向规模化、集团化的方向发展，收发及传递资料的工作借助于网络便足以完成，科研管理部门仅仅做一个"传声筒"的角色已不再有意义，这种管理方式单一，主要是"以管理物为本"或"以事为本"，从根本上否定了人的主体性，抹杀了人的创造性，特别是影响了基础研究的发展。基础研究是一种战略性研究，研究周期长短不

一，不具有近期经济效益，研究成果多以论文的形式发表，而传统管理模式是一种技术合同制，在时间、结果上限制了知识创新活动管理的开展。因此，必须顺应形式，及时调整观念，尽快成为一个科研活动的组织者及智囊团。

（二）科研管理制度激励功能不足

制度是一切工作的保障与约束体系，管理体制保持系统性和稳定性的核心基础和根本保证，是推动技术进步和高新技术产业发展最强大的动力。旧的管理体制下，学校重纵向项目的争取，轻横向项目，致使纵向项目中标率低；重立项、轻管理，科技资源浪费严重，缺乏课题间的有效协作，资源共享难，导致科研设备重复购置。管理体制不完善，缺乏有效的激励机制、控制监督机制和管理办法，既不能约束科研人员学术腐败行为，也不能调动科研人员的主动性与积极性。这种封闭的管理模式与科研活动开放性发生冲突，特别是目前大学的科研管理活动还多局限于大学内部，项目研究的成果往往鉴定结束在科研管理部门便意味着终结，将成果产业化后推向市场的环节没有引起管理部门足够的重视，尤其是人文社会科学方面的研究表现更为突出。而大学科研本身是一个开放性的活动，利用科研成果服务社会也是大学的重要职能之一，因此科研管理部门必须把为地方经济、科技发展服务作为管理的中心，促进科研成果在实际生产中得到转化、发挥积极作用以体现科研成果的价值，这样才能使科研工作保持活力，走上良性循环的道路。

（三）科研评价指标体系不科学

随着科学在社会中的作用越来越大，科学研究及科研评价也变得尤为重要。目前评价科研业绩完全采用的是量化指标，如科研经费数额、核心期刊论文数量、SCI论文的数量、获奖成果数量和级别等，而不是根据不同评价主体的具体情况有所区分，因为不同学科、不同领域、不同的研究阶段他们的研究周期、难易程度都有所不同，以单一的指标来评价不同的研究主体，容易造成科研人员急功近利，甚至产生学术造假的不良学术风气，影响科研的发展与繁荣。这种过度单一的评价机制与科研活动多样性之间的矛盾主要表现在目前的科研管理评价方法的制订多是从管理者便于管理的角度来进行的，而没有根据科研活动的本质规律进行深入研究，简单地对科研活动进行评价。因此过多依赖量化手段，且重数量、轻质量，重经费投入、轻成果转化率，重第一作者、轻其他合作者。种种现象引发了一系列的问题已引起社会各界的重视。科研活动本身形式是多样的，基础研究和应用研究或自然科学研究与人文社会科学研究都有着各自的规律，管理者应根据研究本身制定出不同的考核评价方法。

（四）科研经费投入不足

科研管理是一个系统的工作，从课题申请到课题立项、再到课题监控管理，直至课题成果鉴定和推广应用。其中课题申请是前提和基础，这就需要有提供课题研究的经费，当科研经费投入不足，课题申请这一环节就受到制约，从而制约整个科研管理活动。与国外大学相比，我国大学基础设施、办学经费和科研资金都较差。我国科技竞争力排名长期徘徊不前，这与我国大学缺乏产生重大科研成果的实力有重要的联系。我国大学缺乏生产科研成果的实力，其主要原因是研发费用投入不足。从研究开发经费占国民生产总值的比例（R&D/GDP）这一衡量一国经济增长方式的重要指标来看，我国 1999 年为 0.69%，而"九五"计划制定的目标为 1.5%，而大学得到的 R&D 经费则更少。

第八章 深化学生管理改革以促进和谐校园建设

第一节 高校树立"立德树人"的学生教育管理理念

高校作为人才培养的基地与摇篮，应该与时俱进、创新教育理念，将立德树人的理念融入于高校管理与大学生思想政治教育的过程中。立德不仅仅是教育的根本，更是做人做事的基础与根本。

一、立德树人的内涵及其必要性

立德树人主要是指在培养大学生高尚的情操，较高的综合素质基础上，培育新时代的莘莘学子具有过硬的政治素质、优秀的品质，成为理想信念坚定、人生职业规划明确的社会主义接班人。

在高校的管理与教育过程中，坚持立德树人的理念具有重要的意义。首先，立德树人是大学生思想政治教育的重要内容之一，服务育人的过程中，不仅仅是要培养大学生系统、完善的科学文化知识与理论体系，而更重要的是全面提升大学生的综合素质，使大学生从德、智、体各个方面发展。实现高校管理、服务、育人的理念与思想的有机统一。育人就是要培养出德才兼备、理论知识熟、操作能力强的优秀人才。其次，立德树人是新时代社会主义核心价值体系，构建社会主义新风尚、提升全民整体文化素质的要求。高校作为社会主义事业接班人培养的基地，其人才的培养应该与社会发展、企业需求计划标准相一致的复合型、高素质人才。只有拥有高尚的情操，吃苦耐劳、无私奉献等优秀的品质，才能够家庭和睦、心情愉悦，工作才能够得到他人、社会的肯定，从而取得更大的成就与收获。

二、立德树人理念下高校学生管理工作的困境

（一）育人的管理理念淡薄

实践中，一些高校学生管理工作仍然停留在事务管理上，较少关注学生的道德方面发展。一些高校管理者工作的出发点是管住学生，以学校的稳定和发展为出发点，而非是培养德智体美全面发展的人才。有些管理者认为刚步入社会的大学生就像一张白纸，可以随心所欲在其身上刻上管理的印记，以管理者身份自居，向学生发号施令，以此彰显管理者的权威，这些做法不仅激发了学生的逆反心理，也使管理效果大打折扣。

（二）学生管理工作更多体现"刚性"

"强制性"的管理方式让学生处于一种被管制的状态，管理者认为学生身上会发生多种多样问题，必须通过惩罚等措施予以纠正，并对其他学生产生警告意味。而在当今社会不管是网络媒体等现代化科技的冲击还是学生参加多种多样的社会实践，都使学生的思想观念和行为方式发生巨大的转变，"强制性"的方式也往往会激发学生的逆反心理，使矛盾激化，影响高校管理效能的发挥。

（三）校园文化环境复杂

随着改革开放的不断发展和科学技术日新月异的变化，各种各样的观念不断地更新、碰撞，并对大学生的思想产生冲击，直接作用于大学生的日常行为。大学生在考试中作弊、拖欠学费、打架斗殴、诚信意识差等行为既与学生本身和学校管理有关，也关乎社会中的不良风气。而传播这种风气的手段也是多种多样的。网络、媒体、报纸等传播媒介将多种多样的社会生活带入大学生的生活，大学生在谴责社会道德失范现象的同时，不可避免地在冲动时产生"印随现象"，例如不同高校中发生的投毒事件。

三、立德树人理念下做好高校学生管理工作的对策

（一）构建制度育人的长效机制

无规则，不成方圆，科学的制度与规则是高校教育事业顺利开展的重要保障与基础，是服务育人工作条理化、规范化、机制化的重要体现。高校在制定各种规则时应该将立德树人的理念贯彻到制度精神中，如奖惩制度。奖学金综合测评、资助育人、诚信考试等，将立德树人的理念与精神制度化与机制化。制度的制定应该在公正、公平、公开的原则下进行。在制度制定之

前，不仅要征求、询问专家的意见，还要组织学生尤其是具有代表性的学生干部进行广泛意见的征求，因为高校里每一项政策、制度的实施，都会影响到学生的切身利益，学生是最为直接的制度相关人。因此，听取、尊重、参考学生的意见，是尊重学生应有权利，立德树人的重要体现。

引导学生遵守制度，维护学生的合法权益。高校制度、规则制定的初衷与出发点都是以学生为中心的，因此在制度的实施过程中要专注其效果与学生的反应。建立专门的反馈渠道与监督机制，增强学生自主管理意识，参与制度的制定与实施过程中。在实施奖学金评定、助学金贷款、违纪违规处分过程中要始终坚持公开、透明的原则，为学生的成长成才营造一个良好的氛围，使学生在潜移默化的环境中树立遵守规则、诚信做人、敢于监督的思想，较强的参与意识，同时也是立德树人理念的重要体现。

（二）把立德树人内化于管理者理念中，实现全员育人

提升育人队伍素质，实现全员育人。高校教师作为立德树人、服务育人的重要践行者，其个人的学识修养，道德水平，人格魅力直接会影响到学生的思想与行为。大学作为年轻一代人生的关键时期，是其学术素养提升、坚定理性信念、明确人生职业规划与奋斗目标、形成正确的人生观与价值观的关键时期。在大学校园里，不仅仅是获取应有的科学文化知识，构建系统的知识结构，提升学术素养，更重要的是不断提升道德修养、道德品质以及做人做事的品位。因此，首先要加强高校老师、辅导员队伍建设，不断提升教师队伍的人格修养、职业道德，通过自己的言行举止影响与感染学生，达到言传身教的效果。

完善高校教师、管理人员的培训机制，提升管理与服务水平。在招聘教师、管理人员时，不仅仅要考察其专业知识水平的高低、获得荣誉的多少，更要注重其思想道德水平、做人做事原则的考察。入职之前与入职后要定期举办职业道德专题教育培训讲座与会议。引导教师队伍将管理、服务、育人的理念相结合，不仅仅要加强学术造诣、提升学术水平、做好科研；还要不断提升教师队伍的职业道德。以全心全意为学生服务的理念，饱满的热情、高尚的师德对学生的言行举止进行潜移默化的影响。设立专门的师德建设优秀荣誉奖项与宣传平台，予以鼓励先进，弘扬正气，对于深受学生好评、师德高尚的教师进行积极宣传，树立榜样；对于违反师德师风的教师，应当给予严格的惩戒与处罚。

（三）把立德树人内化于学校文化中，实现文化育人

积极健康的校园文化有利于大学生丰富大学生活，培养良好的兴趣爱好，

树立正确的价值观与人生观。各种各样的学生社团是大学校园里一道靓丽的风景线，丰富多彩的社团活动既锻炼了大学生团结、合作、与人交际的能力，培养了感情与友谊，而且充实了校园生活。公益社团，如志愿者服务总队的成立，在各种各样的公益活动中，不仅锻炼了自己能力，还可以体会到无私奉献的精神，为人民、他人、同学服务的乐趣。在一次次的乡村支教、对患重病不幸者的募捐活动、对孤寡老人的陪伴与谈心活动中，都是对大学生心灵的洗礼，道德素养的提升。

在立德树人的理念下开展高校服务育人工作，有利于培养大学生较强专业技能，提升大学生的道德素养，也是高等教育事业深化改革的要求之一。只有坚持服务育人，将育人作为高校的根本与基础，才能为社会主义事业培养更加优秀的高素质综合型人才。

第二节 新形势下学生管理干部队伍建设路径

在社会主义市场经济体制不断完善和社会各项事业迅速发展的背景下，我国高等教育事业取得长足发展，高等教育的改革进程不断深化，高校学生干部管理工作也进入到一个新的台阶，新形势下加强高校学生干部队伍建设意义重大。

一、加强学生干部队伍建设的重要性

（一）学生干部在班级学风、班级文化建设方面起着引导、模范作用

班级是学生学习、生活的主要组织场所，而班级文化、班级学风底蕴对于学生的发展具有重要的作用，而班级文化、学风建设单靠老师、生活辅导员的努力是不能完成的，他需要全班学生积极配合老师的工作，尤其是需要班级干部发挥模范带头作用，因为班干部具有很强的凝聚力，他们是经过全体同学选举出来的，他们深受学生的拥护与爱戴，班干部带头为班级的良性发展而做出积极行为，帮助班级树立良好的班级学风，就会影响其他学生向他们看齐，同时班干部通过日常的行为习惯、学习习惯帮助其他同学、帮助学生在集体观念、学习习惯、班级文化等方面中发挥积极的作用。

（二）学生干部在学校与学生之间起着中介桥梁作用

学生干部既是学校教育管理实施者的一部分，也是学校教育管理对象。学生干部是学生中的一员，他们与学生吃住在一起，他们与其他学生的各种

情况基本相同，他们与学生之间没有隔阂，他们对于学生的情况非常了解，能够及时发现学生在学习、生活中的各种问题；同时学生干部也是学校教育管理实施者，他们能够将学生的情况进行基层了解，将学生中的各种问题及时地反馈给学校教育管理者，便于班主任以及学校相关部门及时采取有效的措施，针对学生中的问题开展工作。再者学校的各种政策、活动等宣传需要学生干部进行宣传与布置，比如高校在组织社会志愿者活动时，需要学生干部发挥宣传、带头作用，组织、引导学生积极参与。因此学生干部是将学校工作任务完成与学生问题反馈有效结合的重要组织者，有效地提高了学生与教育者之间的关系。

（三）在学生的"三自"中起到关键作用

"三自"指学生的"自我教育、自我管理、自我服务"，现代教育强调的就是发挥学生主观能动性，因此高校教育管理核心就是发挥学生的自我管理能力。学生干部在"三自"活动中所发挥的作用具有核心作用，首先学生干部也属于"三自"活动的参与者，而且其在其中具有坚定的基础作业。另一方面学生干部通过"三自"活动能够组织学生积极进行理论学习、掌握先进的知识、树立牢靠的政治思想，通过开展多种形式活动为校园的"三自"教育模式创造良好的文化氛围，帮助学校做好学生的自我意识，提高他们的能动性。总之在"三自"活动学生干部起着关键的作用。

二、加强学生干部队伍建设的对策分析

（一）实施情感管理，提高高校学生干部的情感认同

高校学生干部是经过层层选拔出的优秀大学生，有着较高的自我素质和管理能力，其自主意识也比较强，对于各项工作和自身能力比较有自信，但是也存在着部分学生干部的合作团队意识薄弱问题。作为学校的辅导员，要对这个问题进行深入研究，通过施加一定的管理措施进行正确引导，避免学生干部工作中出现相互推诿的问题。

学校教育者要注意学生干部的情感因素，尤其是要注意学生干部出现的各种反常情绪变化，当发现学生干部出现情绪变化时要注意多观察，及时采取相关措施把影响学生干部消极情绪的因素消灭在萌芽阶段，避免学生干部的情绪出现大的波动，影响学生的整体情绪，进而产生不和谐的工作环境。对于学生干部来说，自身的学习和学生管理工作都会占用较多的时间，这就需要学生干部加强自我管理和督促，在不影响自己学习任务的前提下，做好

学生管理工作。在遇到各种困难的情况下，学生干部要善于寻求组织帮助，学校辅导员要重点加强对他们的情感关怀，帮助他们找到组织认同感，从而积极解决学习和学生干部工作中的各种问题。

（二）完善管理制度，强化高校学生干部的责任意识

高校学生干部的工作内容以学校各种活动、竞赛为主，学生干部主要负责组织和引导工作，这就需要学生干部首先具有一定的责任心和工作热情。因为首先作为人，他的内心具有争当第一的意识，任何人都渴望做出成绩获得别人的认可，同样作为一个集体内在文化内涵也具有争当第一的观念。争取过程是一个精神拼搏的过程，是一个集体团结一致的过程，是一个为了大家共同愿望实现的过程。在这个过程中，作为高校学生干部，首先要需提高自己的责任意识，此外还要注重加强自身能力素质的提高和培养。学校辅导员还要注重加强学生干部队伍建设的梯队培养问题，要引导现在的高校学生干部对新入校的学生干部进行帮助和指导，培养他们建立学生干部队伍良好梯队的意识和责任。辅导员可以通过组织各种活动来实施这种传帮带教育，举行各种形式的工作经验交流研讨活动，促进新老学生干部间的交流和学习。

（三）健全选拔机制，构建高校学生干部的监督考核体系

加强高校学生干部队伍建设，核心内容是做好学生干部队伍的选拔、考核工作。一方面，在高校学生干部的选拔过程中，要建立完善的选拔标准，坚持"德才兼备、以德为先"的选拔原则。新时代，高校学生干部队伍的首要素质是思想品德素质要高，其次是要具备较高的组织领导能力和协调能力，当然，在当前建立创新型国家的背景下，还要求学生干部具有较强的创新能力。关于学生干部选拔的方式，应该在坚持原则的基础上，建立合理的选拔程序，从自愿报名、公开竞聘、多方考察几个环节，选择合适的人放在合适的岗位上。另一方面，对于现有的高校学生干部队伍来说，需要加大培养力度，完善相应的学生干部考核监督机制，通过建立明确的目标责任制度，引导学生干部提高工作绩效，进行工作创新。为有效提高高校学生干部队伍建设力度，尤其需要学校建立比较完善的培养计划，建立良好的培训平台，促进学生干部综合素质的提升。

（四）建立学习型组织，提高高校学生干部的实践能力

加强高校学生干部队伍建设，现有的方式和方法已经比较完善，在当前学习型社会建设的大背景下，也可以尝试通过建设高校学生干部的学习型组织，来促进高校学生干部素质的提升，提高服务学生的能力和社会实践能力。

学生干部只有不断在实践中开展以"演练—反馈—学习—再演练"的循环学习的方式，才能展现自己的才能，提高自己的才能，为学习型学生干部队伍建设提供支持。学习型组织建设的重点是提高学生干部的组织管理能力和社会实践能力，这就要求学校管理部门提高相应的保障机制。一是要鼓励高校学生积极参与学校科研活动，提高创新能力和服务意识。二是要充分利用高校教学名师的优势，积极鼓励他们多参与学生干部团队建设的指导，充分发挥他们在知识储备足、社会资源优、社会阅历多等方面的优势，为培养学习型学生干部服务。培养高校学生干部良好实践能力，需要依靠学习型组织的平台。

参考文献

[1] 江艳，储祖旺 . 基于数据驱动的美国高校学生事务预测分析管理 [J]. 高等教育研究，2017(12):90-95.

[2] 刘荣，嵇炜 . 高校思想政治教育工作路径新探——浅谈高校文化宿舍建设 [J]. 淮海工学院学报 (人文社会科学版)，201715(12):10-12.

[3] 王至强 . 高校学生思想政治教育载体拓展研究——以凯里学院美术与设计学院思政教育工作为例 [J]. 大众文艺，2017(24):193-194.

[4] 郑逸昕 . 高校艺术类专业学生思想教育及管理模式分析 [J]. 科教文汇 (下旬刊)，2017(12):129-130.

[5] 许稳良 . 当前高校学生管理工作的瓶颈与突破 [J]. 农村经济与科技，2017(24):234.

[6] 张瀚文 . 高校理工科学生党支部科学化建设的路径研究 [J]. 农村经济与科技，2017(24):279.

[7] 王坤，张红燕，钱建磊 . 基于微信企业号平台的高校大学生思想教育管理模式创新研究 [J]. 吉首大学学报 (社会科学版)，2017(S2):145-147.

[8] 郑红波 . 高校体育课程安全保障体系实施策略研究 [J]. 吉首大学学报 (社会科学版)，2017(S2):221-223.

[9] 何伟 . 高校学生管理研究的文献计量分析与思考 [J]. 成都师范学院学报，2017(12):14-18.

[10] 赵黄 . 高校学生社团在思想政治教育工作中的作用探索 [J]. 农村经济与科技，2017(S1):224.

[11] 张志刚，马军军 . 新媒体视域下家校协同育人机制探析 [J]. 现代交际，2017(24):130+129.

[12] 沈国俊 . 我国普通高校学生军训模式的回顾与展望 [J]. 成都中医药大学学报 (教育科学版)，2017(04):102-104.

[13] 黄洋 ."微时代"高校教育管理应对策略 [J]. 职大学报，2017(06):99-100.

[14] 宋文 . 高校计算机专业学生实习管理问题研究 [J]. 科技风，2017(26):53.

[15] 陈怡欣 . 高校学生宿舍管理规定文本研究 [J]. 文学教育 (下)，2017(12):162-163.

[16] 崔进 . 大数据时代高校学生管理工作的挑战与对策 [J]. 文学教育 (下)，2017(12):165.

[17] 丁海峰 . "两学一做"背景下高校学生党员教育管理长效机制研究 [J]. 党史博采 (理论)，2017(12):27-28.

[18] 程路平，刘坤，石璐 . "互联网 +"时代民办高校学生管理工作模式探究——以南京工业大学浦江学院为例 [J]. 赤峰学院学报 (汉文哲学社会科学版)，2017(12):151-153.

[19] 黄波 . 就业视角下高校学生档案管理与数字化创新 [J]. 宁波职业技术学院学报，2017(06):58-61.

[20] 吉艳艳 . "一带一路"背景下来华国际学生管理信息化建设研究 [J]. 高教学刊，2017(24):4-6.

[21] 包慧君 . 高职院校学生法律意识缺失现状的研究——以江苏城市职业学院为例 [J]. 江苏教育研究，2017(36):73-75.

[22] 路遥 . 英国防治高校学生学术剽窃的经验及启示 [J]. 教育探索，2017(06):121-125.

[23] 郦江妍 . 高校非正式组织建设与管理研究——以常州工学院学生社团为例 [J]. 才智，2017(36):180-181.

[24] 罗文 . "多校区"高校学生学籍档案管理问题及对策研究——以西南财经大学天府学院为例 [J]. 办公室业务，2017(24):155-156.

[25] 陈方程 . 新形势下高校学生管理工作现状与创新思考 [J]. 改革与开放，2017(24):159-160.

[26] 葛谢飞 . 试析高校学生思想政治教育管理工作面临的问题 [J]. 才智，2017(36):68.

[27] 刘丹 . 高校学生实施人性化教务管理的探索 [J]. 才智，2017(36):83.

[28] 吐尔逊江·马义尔 . 新形势下高校新疆少数民族学生管理工作实践研究 [J]. 改革与开放，2017(24):157-158.

[29] 于宝华，贾于博，谷苏岗 . 基于 Andriod 的高校学生毕业设计管理系统设计 [J]. 福建电脑，2017(12):137-138.

[30] 史建梅 . 博弈论视角下的高校班级管理分析 [J]. 教育现代化，2017(52):243-246.